The Effectiveness of
Annual Earnings Communication Conference
An Empirical Study Based on Tone Analysis

上市公司业绩说明会
有效性研究

——基于语调分析的实证检验

林东杰　著

中国财经出版传媒集团

经济科学出版社

Economic Science Press

图书在版编目（CIP）数据

上市公司业绩说明会有效性研究：基于语调分析的
实证检验/林东杰著 . —北京：经济科学出版社，
2021.7

ISBN 978 - 7 - 5218 - 2660 - 9

Ⅰ.①上… Ⅱ.①林… Ⅲ.①上市公司 - 经济评价 -
研究 - 中国 Ⅳ.①F279.246

中国版本图书馆 CIP 数据核字（2021）第 129904 号

责任编辑：于　源　冯　蓉
责任校对：刘　娅
责任印制：范　艳

上市公司业绩说明会有效性研究
——基于语调分析的实证检验
林东杰　著
经济科学出版社出版、发行　新华书店经销
社址：北京市海淀区阜成路甲 28 号　邮编：100142
总编部电话：010 - 88191217　发行部电话：010 - 88191522
网址：www. esp. com. cn
电子邮箱：esp@ esp. com. cn
天猫网店：经济科学出版社旗舰店
网址：http://jjkxcbs. tmall. com
北京密兴印刷有限公司印装
710 × 1000　16 开　12.25 印张　220000 字
2021 年 11 月第 1 版　2021 年 11 月第 1 次印刷
ISBN 978 - 7 - 5218 - 2660 - 9　定价：55.00 元
（图书出现印装问题，本社负责调换。电话：010 - 88191510）
（版权所有　侵权必究　打击盗版　举报热线：010 - 88191661
QQ：2242791300　营销中心电话：010 - 88191537
电子邮箱：dbts@ esp. com. cn）

本书是以下课题的阶段性成果：

国家自然科学基金青年项目
"互联网＋"背景下的业绩说明会有效性研究
（项目批准号72002234）

摘　　要

投资者关系管理是充分披露信息、保护投资者权益的重要手段之一。在中国转型经济的背景下，投资者关系管理逐渐成为实践应用和学术研究的热点。投资者关系管理经历了被动、主动到互动的发展阶段，业绩说明会是一种互动式的投资者关系管理活动，更是互联网背景下的一项制度创新。

伴随着互联网的快速发展、社交网站的兴起，信息生态环境发生了重大变化，深刻影响着投资者决策习惯。研究报告显示，网络已经成为投资者获取信息的主要渠道之一。虽然上市公司开展投资者关系管理活动的形式多种多样，但是这些投资者关系管理活动存在一些不足，包括：单向、被动的沟通，不能给予中小投资者公平机会。我国证券市场以中小投资者为主，中小投资者公平地获得信息尤为重要。业绩说明会通过网络的方式举行，投资者可便捷地参加。因此，业绩说明会作为互联网背景下的一项重要制度创新，对于保护中小投资者利益具有重要的现实意义。然而，业绩说明会的有效性如何，亟须实证检验。

目前仅有少数几篇文献检验业绩说明会的经济后果，这些研究存在一些不足：第一，主要从管理层的角度进行分析。在业绩说明会中，投资者和管理层是两个不可或缺的角色，仅从管理层的角度分析可能有失偏颇。第二，主要使用语调词典分析法获得管理层语调，传统的文本分析方法可能不能精确衡量语调。鉴于此，本书利用机器学习和人工智能的方法，分析投资者和管理层语调，构建业绩说明会互动指标。并在此基础上进行实证分析，主要研究内容和结论如下。

第一，从语调的视角，分析业绩说明会的市场反应。首先，投资者语调与股票收益显著相关，投资者语调越积极（消极），市场反应越正向（负向）。其次，管理层语调与股票收益显著相关，管理层语调越积极（消极），市场反应越正向（负向）。最后，业绩说明会互动有助于提高股票收益。进一步研究发现，当公司总资产收益率较低、股利分配率较少、机构投资者持股比例较低、会计信息质量较差时，管理层通过业绩说明会交流促进投资者对上市公司的了解，市场会给予正向的反应。

第二，从语调的视角，分析业绩说明会与媒体传播的关系。首先，业绩说明会语调与网络新闻舆论显著相关。投资者语调、管理层语调越积极（消极），网络新闻舆论越正面（负面）；业绩说明会互动促进了正面的网络新闻舆论。其次，业绩说明会语调与股票贴吧舆论显著相关。投资者语调、管理层语调越积极（消极），股票贴吧舆论越正面（负面）；业绩说明会互动促进了正面的股票贴吧舆论。最后，媒体传播（网络新闻、股票贴吧）在业绩说明会的市场反应中起着部分中介作用。进一步研究发现，按经营业绩、股利分配、机构投资者持股、会计信息质量进行分组分析，业绩说明会与媒体传播之间均存在显著关系，表明媒体以公平的视角，对业绩说明会进行信息挖掘和信息传播。

第三，从语调的角度，分析业绩说明会与股权资本成本的关系。首先，本书检验并发现了投资者语调的监督功能。长期来看，投资者的消极语调，能够影响管理层行为，促进公司提高信息质量，降低股权资本成本。实证结果显示，投资者消极语调与股权资本成本显著负相关。其次，管理层积极语调与股权资本成本显著负相关。最后，业绩说明会互动与股权资本成本显著负相关。进一步研究发现，当公司总资产收益率较低、股利分配率较低、机构投资者持股比例较低、会计信息质量较差时，管理层通过业绩说明会交流促进投资者对上市公司的了解，会显著降低股权资本成本。

总之，本书的研究结果表明，业绩说明会有助于加强上市公司与投资者之间的沟通与理解，建立稳定的投资者基础，获得长期的市场支持，实现公司价值和股东财富最大化。本书的研究基于交叉学科，使用机器学习和人工智能方法，弥补了以往传统文本分析方法衡量不精确的缺陷，从投资者和管理层及其互动的角度，丰富了业绩说明会有效性的研究，为我国互联网背景下的这项重要制度创新的效果提供了经验证据。

目　录

第1章 引　言

1.1　问题的提出

投资者关系管理（investor relations management）是充分披露信息、保护投资者权益的重要手段之一。在中国转型经济的背景下，资本市场取得了长足发展。随着上市公司规模的日益扩大、投资者规模相对增加、范围不断延伸①，投资者关系管理逐渐成为实践应用和学术研究的热点。

投资者关系管理经历了被动、主动到互动的发展阶段。业绩说明会②是一种重要的、互动式的投资者关系管理活动。业绩说明会的召开流程如下：上市公司提前发布公告，公告中列示业绩说明会召开时间、网址、参与人员；投资者在业绩说明会召开之前或举行过程中，在投资者关系互动平台中提问；在业绩说明会召开时，上市公司相关人员（董事长、总经理、财务总监、董事会秘书、独立董事、证券事务代表、保荐人代表等）对投资者的提问进行回答。业绩说明会例子详见附录"投资者关系互动平台示例"。

伴随着互联网的快速发展、社交网站的兴起，信息生态环境发生了重大变化，深刻影响着投资者的决策习惯。截至 2017 年 6 月，我国网民规模达到 7.51 亿人（其中，手机网民规模 7.24 亿人）③。网络已经成为投资者获取信息的主要渠道之一。研究报告显示，投资者获取信息的渠道集中在"手机上的网络类媒体"

---

① 如合格境外机构投资者（QFII, qualified foreign institutional investors）进入 A 股、沪港通、深港通，A 股纳入明晟指数（MSCI, Morgan Stanley Capital International）等。

② 业绩说明会有多种名称，如报告说明会、报告网上说明会、业绩网上说明会、集体业绩说明会、投资者关注会，本书统一称为业绩说明会。

③ 资料来源：中国互联网络信息中心（CNNIC）. 第 40 次《中国互联网络发展状况统计报告》［R/OL］.（2017 – 08 – 04）［2018 – 03 – 01］. http://www.cac.gov.cn/2017 – 08/04/c_1121427728. htm.

（43.3%）、"电脑上的网络类媒体"（40.3%）①。

业绩说明会公平对待中小投资者，是互联网背景下的一项制度创新。虽然上市公司开展投资者关系管理活动的形式多种多样，包括网站信息披露、电话和邮箱沟通、接待投资者实地调研，但是，这些投资者关系管理活动存在一些不足，包括：单向、被动的沟通，不能给予中小投资者公平机会。例如，投资者可以到上市公司实地调研，但需要自己支付差旅费。从上市公司披露的接待投资者记录来看，多数为接待机构投资者的记录，鲜见接待中小投资者。因此，投资者实地调研并非是公平的调研机会。我国证券市场以中小投资者为主②，中小投资者公平地获得信息尤为重要。监管部门、实务界和学术界均在思考如何让中小投资者公平地获得信息、有效地参与公司治理，培育中小投资者自我保护意识。业绩说明会通过网络的方式举行，投资者可以便捷地参加。因此，业绩说明会作为互联网背景下的一项重要制度创新，对于保护中小投资者利益具有重要的现实意义。然而，业绩说明会的有效性如何，亟须实证检验。

目前仅有少数几篇文献检验业绩说明会的经济后果（谢德仁、林乐，2015；林乐、谢德仁，2016、2017），这些研究存在一些不足：第一，主要从管理层的角度进行分析。在业绩说明会中，投资者和管理层是两个不可或缺的角色，仅从管理层的角度进行分析可能有所偏颇。第二，主要使用传统的语调词典分析法获得管理层语调。这种分析方法存在一些不足：语调词典在类微博、微信语境中难以胜任；使用不同的语调词典，实证结果可能不相同；可能会忽略修饰情感词语的否定词。

业绩说明会的文本信息是一种典型非结构数据③。阿里巴巴副总裁涂子沛在《正在到来的数据革命：大数据》中阐述，数据挖掘的重点在于揭示过去的规律，预测未来的趋势。如何把非结构数据整合，并从中挖掘有价值的信息，是当前数据挖掘的最大挑战之一。计算机技术和自然语言处理技术的迅猛发展，为文本分析提供了许多有效工具，极大地促进了文本分析的实证研究。2018年1月，在斯坦福大学组织的机器阅读理解领域顶级比赛（Stanford Question

---

① 资料来源：深圳证券交易所 . 2016 年个人投资者状况调查报告 ［R/OL］. (2017 – 03 – 16) ［2018 – 03 – 01］. http：//www. szse. cn/aboutus/trends/news/t20170316_518921. html.

② 根据深圳证券交易所《2016 年个人投资者状况调查报告》，77% 的投资者资金在 50 万元以下。

③ 按照结构，数据可以分为结构数据和非结构数据。结构数据是指存储在数据库中，有统一结构和格式的数据。结构化数据较为容易处理和分析。非结构数据是指无法用数字或统一结构表示的信息，包括各种文档、图像。非结构数据由于没有统一的格式，给分析和挖掘带来了巨大挑战。例如，顾客在博客、社交网站以文本形式记录的消费体验，对商品和服务的评价和看法，就是一种非结构数据。

Answering Dataset，SQuAD）中，人工智能的阅读能力首次超过人类。鉴于此，本书利用机器学习和人工智能的方法，分析投资者语调和管理层语调，构建业绩说明会互动指标。

综上分析，本书利用 Python、Selenium、GeckoDriver 等软件爬取业绩说明会的文本记录，获得超过 1 万场业绩说明会，近 200 万条提问和回答记录。以投资者语调、管理层语调、业绩说明会互动作为切入点，从短期效果（市场反应、媒体传播）和中长期效果（股权资本成本）的角度，分析业绩说明会的有效性。

1.2　研究意义

1.2.1　现实意义

第一，本书的研究为投资者关系管理实践提供经验证据，为投资者保护相关政策制订提供参考。

投资者关系管理有助于在上市公司和投资者之间建立互信的桥梁，是上市公司市值管理的内在需求。然而，部分上市公司没有对投资者关系管理工作给予足够重视。虽然大部分上市公司已在公司网站建立"投资者关系"专栏、设立联系邮箱和电话、接待投资者实地调研等，但这些方式没能改变单向、被动沟通的现状。业绩说明会作为一种基于互联网背景的制度创新，可以促进上市公司和投资者（或潜在投资者）之间的沟通。本书研究发现，短期来看，业绩说明会的投资者和管理层语调及其互动与股票收益显著相关；中长期来看，投资者和管理层语调及其互动与股权资本成本降低显著相关。本书的研究表明，业绩说明会有助于加强上市公司与投资者之间的沟通与理解，建立稳定的投资者基础，获得长期的市场支持，实现公司价值和股东财富最大化。

第二，本书的研究为国家"互联网＋"普惠金融实现路径提供相关政策建议。

《世界互联网发展报告 2017》指出，如今的互联网步入了转变跨越的新阶段。在互联新时代背景下，我国政府将"互联网＋"纳入国家经济顶层设计，实施"网络强国"战略。2014 年 2 月，中央网络安全和信息化领导小组成立，确立网络强国的方略。2015 年 12 月，习近平总书记在世界互联网大会上，提出网络治理的"中国方案",认为互联网治理体系变革进入关键期。2016 年 10 月 9 日,中共中央政治局就实施"网络强国"战略进行集体学习。2015 年 7 月 4 日,国务院颁布《关于积极推进"互联网+"行动的指导意见》,要求用互联网思维推动经济形态发展,为改革提供广阔的网络平台,提升互联网金融普惠水平和服务能力,满足不同层次经济主体的投融资需求。

业绩说明会是一种新式的投资者关系管理活动,通过互联网平台,为中小投资者提供一个便捷、高效、低成本的沟通渠道,是实现普惠金融的一种有效方式。本书实证分析业绩说明会有效性,为改进和完善业绩说明会提供政策建议,促进国家"互联网+"普惠金融的实施,具有重要的现实意义。

第三,本书的研究为非结构数据分析提供新视角、新方法。

大数据正深刻影响和改变着社会和经济的发展(刘涛雄、徐晓飞,2015)。大数据之"大",不仅在于其"容量大",更重要的是,可以分析的数据大量增加,数据分析方法和工具更为多样和先进。通过对数据的分析、加工和利用,可以发现新知识、新规律,创造新价值。近年来,国家高度重视大数据战略,2017年 12 月 8 日,中共中央政治局对实施国家大数据战略进行集体学习,国务院及相关部门相继发布大数据实施政策,如《新一代人工智能发展规划》《促进大数据发展行动纲要》《"十三五"国家信息化规划》《关于运用大数据加强对市场主体服务和监管的若干意见》《关于组织实施促进大数据发展重大工程的通知》《大数据产业发展规划(2016~2020 年)》等。

数据分为结构数据和非结构数据,并且主要以非结构数据形式存在。如何有效分析数据(特别是非结构数据),将数据转化为知识,是当前大数据战略实施的重中之重。本书使用机器学习和人工智能的方法,分析投资者语调和管理层语调,将非结构化数据转化为结构化数据,分析业绩说明会的有效性,实现数据的高效分析和使用,具有重要的现实意义。

1.2.2 理论意义

第一,本书的研究丰富了互联网背景下的投资者关系管理的研究。以往关于投资者关系管理的研究,主要集中在两方面:一是通过构建指数,综合评价上市公司投资者关系管理水平,实证分析投资者关系管理的经济后果(Jiao,2011;Garay et al.,2013;Kirk and Vincent,2014;李心丹等,2007;权小锋等,2016a、2016b、2017);二是分析具体投资者关系管理活动的影响因素与经济后果,如公司主页的投资者关系管理信息披露(林斌等,2005)、投资者实地调研

（Green et al.，2014；Cheng et al.，2016；林雨晨等，2016）等。业绩说明会是互联网背景下的一项投资者关系管理制度创新，但是目前仅有少数几篇文献检验业绩说明会的经济后果（谢德仁、林乐，2015；林乐、谢德仁，2016、2017），本书从短期效果（市场反应、媒体传播）和中长期效果（股权资本成本）的角度，分析业绩说明会的有效性，丰富了互联网背景下的投资者关系管理的文献。

第二，本书的研究为信息披露研究提供新思路。随着互联网、信息技术的发展，数据正以指数的形式增长。许多信息以非结构数据存在，但是并没有得到充分利用。在大数据时代，传统分析方法的有效性可能较差，或效率较低。本书结合最新的信息技术发展，利用大数据、机器学习和人工智能方法，提取投资者和管理层语调，为非结构数据分析提供新视角和新方法。本书的研究不仅为现有的正式信息披露（例如年度报告、季度报告、社会责任报告）提供新方法，也为财务会计研究其他非结构数据提供新思路。

第三，本书的研究拓展了财务会计与语言学的跨学科研究。本书结合财务会计领域的信息不对称理论和代理理论，语言学的言语交际模型和言语行为理论，从投资者和管理层及其互动过程的角度，分析言语与股票收益率、股权资本成本的关系，拓展了财务会计与语言学的跨学科研究。

1.3　研究框架、章节安排与研究方法

1.3.1　研究框架

本书基于业绩说明会的文本信息，以投资者语调、管理层语调、业绩说明会互动作为切入点，从短期效果（市场反应、媒体传播）和中长期效果（股权资本成本）的角度，分析业绩说明会的有效性。本书的逻辑框架如图 1 - 1 所示。

业绩说明会主要有两个角色，分别为投资者和管理层。在业绩说明会的举行过程中，投资者就发展战略、财务状况、经济管理、未来发展可能面临的困难等各方面问题向管理层提问；管理层回答投资者的提问。投资者和管理层通过一问一答的形式互动。投资者的提问、管理层的回答均为文字记录，列示于投资者关系互动平台。投资者关系互动平台详见第 3 章 3.2 节"业绩说明会制度"、附录"投资者关系互动平台示例"。

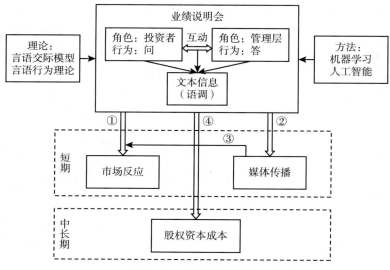

图 1 - 1　本书的逻辑框架

　　本书从语调的角度分析业绩说明会的有效性。从语调的角度进行分析，主要原因有：第一，我国是高传播语境的社会，人们在交流和沟通时，用词隐晦、间接含蓄，强调心领神会、点到为止。我国素有"听锣听声，听话听音"的传统，投资者和管理层通过语调等方式间接传播信息。第二，从语言学的角度出发，里昂（Lyons，1981）认为，语汇义和语法义构成句义，句义和情景义构成话语义，话语义是一种相对高级、综合的语义，语调则是话语义的一个重要表现形式。第三，从心理学的角度出发，心理学最早被定义为研究态度的科学，态度是心理学的核心概念，语调在一定程度上反映了态度。因此，语调在一定程度上反映了文本的主要特征。本书在理论分析和研究假设推演时，结合语言学的言语交际模型和言语行为理论，财务会计的信息不对称理论和代理理论。

　　本书利用机器学习和人工智能方法，依托百度 AI 开放平台的自然语言处理技术，分析投资者语调和管理层语调，构建业绩说明会互动指标。当前财务会计的语调研究，主要使用传统的语调词典分析法。本书利用机器学习和人工智能方法分析语调，主要原因有：第一，语调词典分析法在类微博、微信语境中难以胜任；第二，使用不同的语调词典，实证结果可能不相同；第三，简单使用语调词典可能会忽略修饰情感词语的否定词；第四，百度 AI 开放平台的自然语言处理技术具有一定的可靠性和先进性，其依托大数据、网页数据和用户行为数据，利用机器学习、人工智能等方法，能够更好地捕捉语调；第五，使用百度 AI 开放平台可以使得分析结果可复制。语调分析详见第 3 章 3.3 节 "数据获得的技术路线" 部分。

1. 业绩说明会与市场反应

过去 10 年，业绩说明会取得快速发展，业绩说明会已经成为一项重要的自愿性信息披露途径和方式。国外与业绩说明会类似的制度安排为盈余电话会议。已有研究发现，盈余电话会议具有信息含量（Kimbrough，2005；Hollander et al.，2010；Kimbrough and Louis，2011；Matsumoto et al.，2011）。但是，这些研究盈余电话的语言背景主要为英语，研究结论推广至其他语言背景值得商榷。并且，我国是高传播语境的社会，人们在交流和沟通时，用词隐晦、间接含蓄，强调心领神会、点到为止。在中文言语背景下，业绩说明会的市场反应仍然有待检验。本书的第一个研究问题是，从语调的角度，分析业绩说明会的市场反应（见图 1 - 1 的路径①）。

第一，本书分析投资者语调的市场反应。投资者的提问内容受到过去投资经历、未来业绩预期的影响。当其他投资者观察到投资者的积极（消极）语调提问时，可能产生两方面的影响：一是与投资者的情绪产生 "共鸣"，不仅在参与提问的投资者之间的情绪相互传染，并且影响了其他投资者的情绪；二是投资者受到代表性启发偏差，采取行动买入（卖出）股票，投资者情绪对股票价格产生重要影响。本书预期，投资者语调与股票收益显著相关，投资者语调越积极（消极），市场反应越正向（负向）。

第二，本书分析管理层语调的市场反应。我国是一个高传播语境的社会。一方面，管理层可能利用文字信息中的话外之音传递信息；另一方面，投资者有动机和能力去解读这些文本信息。由于言语表达更加微妙，当盈余数字信息有噪声时，管理层的言语可以对盈余信息进行补充，调整投资者预期。并且，在业绩说明会举行的过程中，管理层与投资者的互动会导致螺旋式的动态披露过程。管理层的积极（消极）语调与管理层对公司盈余预期在一定程度上是一致的。本书预期，管理层语调与股票收益显著相关。管理层语调越积极（消极），市场反应越正向（负向）。

第三，本书分析业绩说明会互动的市场反应。投资者关系管理是上市公司通过信息披露和交流，加强上市公司与投资者之间的沟通，促进投资者对公司的了解和熟悉，实现公司价值最大化的一项战略管理行为。业绩说明会是一种互动方式的投资者关系管理活动。管理层通过言语，改变投资者消极看法，积极引导投资者。并且，业绩说明会通过互联网方式举行，社交媒体显著提高投资者信息获得和解读能力，有助于优化市场效率。本书预期，业绩说明会互动有助于提高股票收益。

2. 业绩说明会与媒体传播

基于互联网的业绩说明会，投资者可以便捷地参与。网络中每个人既是信息的接收者也是信息的传播者。随着信息的扩散，其传播速度会以几何级数上升。网民在网络的各类信息平台中传递、交流和分享信息，包括自己的态度、观点和看法。业绩说明会通过网络传播，可以迅速形成有效的规模效应。现有文献分析了业绩说明会的经济后果（市场反应、分析师预测），但是鲜见从信息传播的角度，分析业绩说明会有效性。本书的第二个研究问题是，从语调的角度，分析业绩说明会信息是否通过不同类型媒体（网络新闻、股票贴吧）进行传播（见图1-1的路径②和路径③）。

第一，本书分析业绩说明会语调与网络新闻舆论之间的关系。网络媒体成为公众发表意见的一种表现形式，交换信息的作用和功能日益增强。一方面，投资者需要真实、可靠和有价值的信息，并且带有情绪的报道更有娱乐价值，吸引投资者注意。另一方面，媒体作为照射社会真实的一面镜子，基于客观、公正、准确、真实的态度进行报道，将上市公司的真实情况完整的展现在投资者前面。业绩说明会作为一个重要的信息披露源，网络媒体通过信息挖掘和信息传播，将信息在市场中扩散。本书预期，业绩说明会语调信息（投资者语调、管理层语调、业绩说明会互动）与网络新闻舆论显著相关。

第二，本书分析业绩说明会语调与股票贴吧舆论之间的关系。在股票贴吧中，人人都同时是信息传播者和信息接收者，贴吧用户通过发帖和回帖行为，同时进行着信息获取和信息传播。在互动过程中，由于相同观点聚集，可能会发生"雪球效应"。股票贴吧基于每个股票创建板块，持有该股票的投资者，或者对该股票有兴趣的投资者，聚集在同一股票板块密切交流。越来越多持有相同观点的网民聚集在一起讨论，就可能形成"雪球效应"。本书预期，业绩说明会语调信息（投资者语调、管理层语调、业绩说明会互动）与股票贴吧舆论显著相关。

第三，本书分析媒体传播（网络新闻、股票贴吧）在业绩说明会的市场反应中是否起着中介作用。理论分析和实证研究表明，业绩说明会语调、媒体传播和股票收益显著相关。并且，业绩说明会通过媒体传播，可以迅速形成有效的信息传递。本书预期，媒体传播（网络新闻、股票贴吧）在业绩说明会语调的市场反应中起着中介作用。

3. 业绩说明会与股权资本成本

投资者关系管理是西方发达国家证券市场发展、资本市场成熟的产物。随着我国经济快速发展, 资本市场日趋成熟, 投资者关系管理越来越受到市场的重视。中国证监会颁布系列文件, 将投资者关系管理提升到公司治理的层次, 为投资者关系管理奠定了良好的制度基础。《上市公司与投资者关系工作指引》指出, 投资者关系管理的目的在于: 加强上市公司与投资者之间的沟通与理解, 建立稳定的投资者基础, 获得长期的市场支持, 实现公司价值和股东财富最大化。业绩说明会作为一种互动方式的投资者关系管理活动, 是否有助于实现公司价值和股东财富最大化, 仍然有待实证检验。本书的第三个研究问题是, 从语调的角度, 分析业绩说明会与股权资本成本之间的关系。(见图 1-1 的路径④)。

第一, 本书分析投资者语调与股权资本成本的关系。从短期来看, 市场对投资者语调给予及时的反应, 投资者语调与股票收益率显著相关。但是从中长期来看, 投资者语调具有监督功能, 投资者通过消极语调质疑管理层。投资者消极语调既表达了投资者的不满, 也对管理层提出了改善的期望和要求; 投资者的提问有助于管理层针对性地提高信息质量。投资者消极语调形成网络负面舆论, 影响管理层的声誉, 迫使管理层重视投资者的提问, 提高信息披露质量, 降低股权资本成本。并且, 上市公司连续多年举行业绩说明会, 管理层与投资者之间的互动属于动态重复博弈, 加强了投资者语调的监督功能。因此, 本书预期, 投资者消极语调与股权资本成本显著负相关。

第二, 本书分析管理层语调与股权资本成本的关系。一方面, 管理层积极语调表达了其对公司良好的内部管理流程、健全的信息披露制度的信心, 以及表达积极进取、努力改进的态度, 有助于降低企业风险, 提升公司业绩。另一方面, 管理层积极语调有助于提高投资者认知程度, 增加预测未来收益的准确性, 降低股权资本成本。本书预期, 管理层积极语调与股权资本成本显著负相关。

第三, 本书分析业绩说明会互动与股权资本成本的关系。业绩说明会是一种互动方式的投资者关系管理活动, 管理层通过言语, 改变投资者消极看法, 积极引导投资者, 帮助投资者形成公司质量的判断, 是业绩说明会发挥作用的重要体现。本书预期, 业绩说明会互动与股权资本成本显著负相关。

1.3.2 章节安排

本书的章节结构如图 1-2 所示, 各章的具体内容如下:

第 1 章为"引言"。本章主要介绍本书的研究问题、研究意义、研究框架、研究方法、研究创新等。

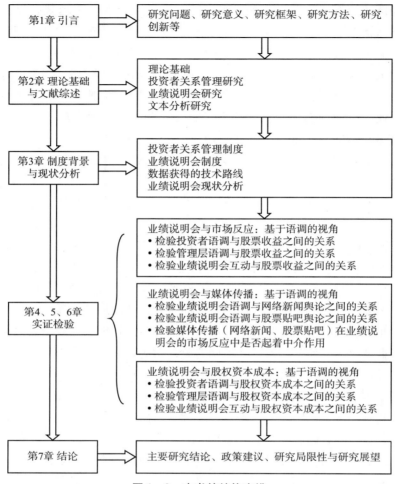

图 1 - 2　本书的结构安排

　　第 2 章为"理论基础与文献综述"。首先，在理论基础部分，回顾财务会计领域的信息不对称理论和代理理论，语言学的言语交际模型、言语行为理论；其次，在文献综述部分，总结了三部分文献，分别为投资者关系管理研究现状、业绩说明会研究现状、文本分析研究现状。

　　第 3 章为"制度背景与现状分析"。首先，回顾投资者关系管理制度；其次，详细分析业绩说明会的制度变迁；再次，阐述业绩说明会数据获得的技术路线；最后，对业绩说明会基本特征进行描述性统计。

　　第 4 章为"业绩说明会与市场反应：基于语调的视角"。首先，检验投资者语调与股票收益之间的关系；其次，检验管理层语调与股票收益之间的关系；最后，检验业绩说明会互动与股票收益之间的关系。本章进一步分析不同情境下业绩说明会的市场反应，并做系列稳健性检验。

第 5 章为"业绩说明会与媒体传播：基于语调的视角"。首先，检验业绩说明会语调与网络新闻舆论之间的关系；其次，检验业绩说明会语调与股票贴吧舆论之间的关系；最后，检验媒体传播（网络新闻、股票贴吧）在业绩说明会的市场反应中是否起着中介作用。本章进一步分析不同情境下业绩说明会与媒体传播之间的关系，并做系列稳健性检验。

第 6 章为"业绩说明会与股权资本成本：基于语调的视角"。首先，检验投资者语调与股权资本成本之间的关系；其次，检验管理层语调与股权资本成本之间的关系；最后，检验业绩说明会互动与股权资本成本之间的关系。本章进一步分析不同情境下业绩说明会与股权资本成本之间的关系，并做系列稳健性检验。

第 7 章为"主要结论与政策建议"。对全书的结论进行总结和归纳，提出相关政策和建议，分析研究局限，为后续研究做出展望。

1.3.3　研究方法

本书主要采用文献研究、文本分析、实证研究等方法。

第一，文献研究。首先，本书总结相关理论，归纳投资者关系管理、业绩说明会和文本分析的研究现状，为后续的业绩说明会有效性实证研究奠定理论基础和文献基础。其次，总结投资者关系管理制度、业绩说明会制度，为后续的业绩说明会有效性实证研究奠定制度基础。

第二，文本分析。本书结合最新的计算机技术、自然语言处理技术，利用 Python、Selenium、GeckoDriver 等软件爬取业绩说明会数据，使用机器学习和人工智能的方法，分析投资者语调和管理层语调，为后续的业绩说明会有效性实证研究奠定数据基础。

第三，实证研究。本书从投资者和管理层及其互动的角度分析，分析业绩说明会有效性，为逻辑演绎和理论假设提供经验证据。

1.4　研　究　创　新

本书的研究可能具有以下创新：

第一，本书的研究丰富了互联网背景下的信息披露研究。信息技术的发展对信息环境产生革命性的影响，基于 Web 2.0 的网络社交极大地冲击资本市场的信息环境。在"互联网＋"背景下，上市公司信息披露格局发生重大变化（Beyer et al.，2010），媒体信息传播方法发生深刻变革，投资者信息获得和处理方式得到极大拓展。然而，当前研究主要集中于上市公司传统的信息披露，仅有少数文献研究新式网络社交的信息披露经济后果，如"上证 e 互动"（丁慧等，2018）、"互动易"（谭松涛等，2016）。业绩说明会是互联网背景下的一项投资者关系管理制度创新，本书探索业绩说明会投资者与管理层互动的经济后果，丰富了互联网背景下的信息披露文献。

第二，本书使用机器学习和人工智能的方法分析语调，为非结构数据分析提供新思路和新方法。当前关于语调的实证研究主要使用传统的语调词典分析法（Allee and Deangelis，2015；Davis et al.，2015；谢德仁和林乐，2015；林乐和谢德仁，2016、2017）。但是，这个方法可能不能精确衡量语调，存在一些不足：语调词典分析法在类微博、微信语境中难以胜任；使用不同的语调词典，实证结果可能不相同；简单使用语调词典可能会忽略修饰情感词语的否定词。本书利用机器学习和人工智能的方法，分析投资者和管理层语调。本书的分析方法能够有效地捕捉语调，有助于推动学术界对语调进行深入、系统的研究，为非结构数据分析提供新思路和新方法。

第三，本书的研究丰富了业绩说明会有效性的研究。目前仅有少数几篇文献检验业绩说明会的经济后果（谢德仁和林乐，2015；林乐和谢德仁，2016、2017），他们主要从管理层的角度进行分析。在业绩说明会中，投资者和管理层是两个不可或缺的角色，仅从管理层的角度进行分析可能有所偏颇。本书基于投资者和管理层及其互动的视角，从短期效果（市场反应、媒体传播）和中长期效果（股权资本成本）的角度，分析业绩说明会的有效性，丰富了业绩说明会的研究。

第四，本书将研究领域由定量信息、正式信息扩展到文本信息、非正式信息，丰富了信息披露的研究。阿姆斯特朗等（Armstrong et al.，2010）和布雷克里和齐默尔曼（Brickley and Zimmerman，2010）综述了信息披露的研究，他们认为，会计信息能够降低信息不对称，影响着各种公司治理机制的发挥。但是，这些信息披露的研究主要聚焦于上市公司依据法定格式披露的定量信息、正式信息（例如年度报告、季度报告、社会责任报告）。业绩说明会互动记录具有文本信息、非正式信息的典型特征。本书研究发现，业绩说明会互动记录具有信息增量，这一发现有助于推动学术界对文本信息、非正式信息进行分析和挖掘。

第2章　理论基础与文献综述

本章将总结和归纳理论基础并进行文献综述。在理论基础部分，本章将回顾财务会计领域的信息不对称理论和代理理论、语言学的言语交际模型和言语行为理论。在文献综述部分，总结了三部分文献，分别为投资者关系管理、业绩说明会和文本分析研究现状。

2.1　理　论　基　础

2.1.1　信息不对称理论

信息不对称是指参与交易的市场主体之间信息分布不均匀。专业化分工是信息不对称产生的重要原因。在经济交易活动过程中，一方交易参与者比其他交易参与者拥有更多的信息，信息不对称就会存在。并且，不同交易参与者之间在信息接收、理解等方面的差异，导致信息不对称进一步加剧。根据时间维度，信息不对称划分为逆向选择和道德风险。发生在交易前的是逆向选择，发生在交易后的是道德风险。

逆向选择是指，在签订契约或合同之前，拥有更多信息的交易参与者利用信息优势获取超额收益；处于信息劣势的交易参与者，因为无法分辨标的优劣，只愿意支付平均价格，使得价格的资源配置作用无法发挥，导致"劣币驱逐良币"。阿克洛夫（Akerlof，1970）分析了逆向选择对二手车市场交易的影响。在二手车市场上，卖方往往比买家更了解车辆质量，有动机利用这些信息优势，以次充好。买方由于存在信息劣势，只愿意支付二手车平均价格。在这种情况下，拥有优质二手车的卖方不愿意卖出二手车，因为只能获得市场平均价格，收益小于成本，利益受损。这会导致市场出现这样一种情况，二手车市场充斥着劣质车辆，交易量不断减少，导致市场失灵。逆向选择问题在资本市场中也同样存在。比如，由于投资者没有直接参与公司的日常经营和管理，投资者处于信息劣势。因此，投资者往往会根据所有上市公司的平均风险水平来确定目标报酬率，在这种情况下，低风险的公司需要按照较高的价格获得融资资金，这会对资源配置效率带来消极的影响。

道德风险是指，在履行契约过程中，交易参与者可能发生道德败坏行为。双方信息不对称和契约不完备是道德风险产生的原因。19世纪英国保险行业运用道德风险原理。因为保险合同的保障，投保人会降低防灾的努力，从而增加火灾发生的可能性，导致保险公司的赔付率增加。道德风险问题在资本市场中也同样存在。比如，在经营权和所有权分离的情况下，由于信息不对称，股东较难完全观察到管理层的实际工作情况。当管理层和股东的利益存在冲突时，管理层往往会采取自利行为，损害股东利益。这些自利的机会主义行为包括过度投资（Jensen，1986）、超额薪酬（Bebchuk and Fried，2003）、在职消费（Yermack，2004）、信息操纵（Cheng and Warfield，2005）等。

学术界对信息不对称问题的应对机制进行了研究，包括：信号传递理论（Signaling）、信号甄别机制（Screening）、声誉机制。斯宾塞（Spence，1973）以劳动力市场为背景，分析了信号传递理论。在劳动力市场上，招聘者不了解应聘者的信息，应聘者通过学历发出关于自身能力信息的信号。罗斯柴尔德和斯蒂（Rothschild and Stiglitz，1976）以保险市场为背景，分析了信号甄别机制。保险公司提供不同的组合，供投保人选择，以区分投保人的风险类别。克雷普斯和威尔逊（Kreps and Wilson，1982）提出声誉理论，声誉可以增加承诺的强度，为关心长期利益的市场主体提供一种保证其遵守承诺的隐性激励，声誉信息有助于降低交易成本（Cole and Kehoe，1998）。

2.1.2 代理理论

在《企业的性质》中，科斯（Coase，1937）认为，企业是一系列契约的联结体。投资者缺乏经验，需要专业的管理者来运营资金；管理者缺乏资金，需要通过发挥管理专长获得报酬。投资者和管理者之间相互作用，产生了委托—代理关系。由于委托人和代理人的目标函数不完全一致，在契约不完备、有限理性和机会主义的情况下，代理问题随之产生。

1. 第一类代理问题

由于现代企业股权分散，公司的实际运营依赖于管理层。投资者持有股份较少，没有动机和能力监督管理者，但管理者却控制着公司资源。一方面，由于管理者不持有公司股份，管理者努力工作获得的利润全部归投资者所有，自己只能获得约定报酬，付出与获得之间的不平衡使得管理者放弃努力经营；另一方面，管理者在公司消费的收益由自己享有，成本则由投资者承担，得到与付出之间的不平衡使得管理层侵占公司利益。管理者有动机和能力，通过牺牲股东利益，追求个人私利，这种问题被称为第一类代理问题（Jensen and Meck-ling，1976）。

已有研究表明，管理者可能会采取多种方式追求个人控制权私利。典型的代理行为包括：过度投资、信息操纵、超额高薪、在职消费、堑壕防御（entrench-ment）。在过度投资方面，詹森（Jensen，1986）发现，当公司拥有自由现金流，且没有合适的投资项目时，管理者应当将自由现金流分配给股东。但是，扩大公司规模可以获得个人私利，管理者利用自由现金流进行过度投资。在信息操纵方面，投资者往往通过签订合同来规范管理者的行为，由于合同中通常包含以会计信息为基础的条款，管理者有动机通过选择不同的会计政策和会计估计，影响契约的执行。比如，程和沃菲尔德（Cheng and Warfield，2005）发现，管理层持有权益激励薪酬与盈余管理显著正相关。在超额高薪方面，伯特兰和穆莱纳坦（Bertrand and Mullainathan，2002）、贝布丘克和费莱（Bebchuk and Fried，2003）发现，管理者会干预薪酬的制定，薪酬并不能有效解决代理问题。在职消费方面，耶马克（Yermarck，2006）发现，当公司首次公开披露高管个人使用专机时，市场反应显著为负。在堑壕防御方面，剩余控制权的转移意味着控制权私利的损失（Grossman and Hart，1988），所以管理者抵制剥夺控制权的解聘。为了防止自己被解聘，管理者通常会进行特殊的人力资本投资（Shleifer and Vishny，1986）。

2. 第二类代理问题

学术界已有大量研究围绕股权分散和第一类代理问题而展开，但有研究逐渐发现了第二类代理问题，即：大股东与中小股东之间的冲突。施莱弗和维什尼（Shleifer and Vishny，1986）指出，控股股东在降低第一类代理冲突中起到积极作用，但是随着控股股东的控制权和现金流权分离，往往会发生控股股东侵占中小股东利益的行为。

在第二类代理问题中，内部人对外部投资者的利益侵占主要表现为：隧道挖掘（tunneling）、信息操纵、股利政策、委派内部人、控制权溢价。在隧道挖掘方面，隧道挖掘是指控股股东通过关联交易隐蔽地转移公司资产的行为（Johnson et al. , 2000）。例如，伯特兰等（Bertrand et al. , 2002）发现，股东通过非经营性活动在集团内部转移利润。在信息操纵方面，范和黄（Fan and Wong, 2002）发现，股权集中度、金字塔结构与盈余质量显著负相关。金和伊（Kim and Yi, 2006）发现，两权分离度越高，盈余管理越严重。在股利政策方面，拉波尔塔等（La Porta et al. , 2000）发现，在弱投资者保护背景下，低成长的公司与高成长的公司在股利分配率方面无显著差异。在委派内部人方面，克莱森斯等（Claessens et al. , 2002）发现，在东亚国家股权集中的公司中，总经理往往是控股股东的家族成员。在控制权溢价方面，巴克莱和霍尔德尼斯（Barclay and Holderness, 1989）发现，与公告前一天的交易价格相比，大宗交易的定价有较大溢价，这表明控制权可以带来私利。

2.1.3　言语交际模型

言语交际是交际主体在一定的语境中，选择适当的话语表达交际目的的过程。学者归纳了多种言语交际模型，主要有索绪尔（Saussure, 1916）的循环图（circular model）、香农和韦弗（Shannon and Weaver, 1949）的线性图（linear model）、纽科姆（Newcomb, 1953）的三角图（triangular model）、其中，贝洛（Berlo, 1960）的 SMCR 模型、利奇（Leech, 1983）的梯形图（trapezoid model）。贝洛（Berlo, 1960）的 SMCR 模型和利奇（Leech, 1983）的梯形图（trapezoid model）较有影响力，下文将详细阐述这两个模型。

1. 贝洛（Berlo, 1960）的 SMCR 模型

贝洛（Berlo, 1960）的 SMCR 模型按照交往过程中的信息沟通要素名称而命名。S（source）为信息源，即发言人；M（message）为信息；C（channel）为信息流转通道；R（receiver）为听话者。

如图 2－1 所示，SMCR 模型将言语交际过程阐述为：发言人将要传达的信息经过大脑编码，借助言语或非言语行为传达，编码过程受到发言人的文化背景、社会系统、知识、态度和传播技能等因素影响。发言人将编码后的信息，通过媒介传递给听话者。听话者也受到文化背景、社会系统、知识、态度和传播技能等因素影响。当听话者收到发言者的信息后，如果有再次传递信息的需求，他会转为信息源，经过同样的传递过程进行反馈。

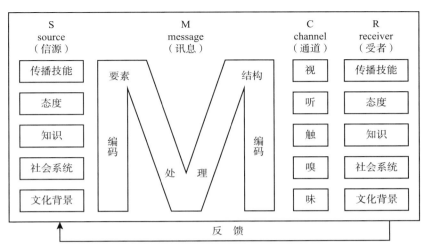

图 2 - 1 贝洛（Berlo，1960）的 SMCR 模型

资料来源：①Berlo，D. K. The process of communication：an introduction to theory and practice，1960. New York：Holt，Rinehart and Winston；②王晓谦．汉语自然会话中的支持性反馈研究［D］. 北京：中央民族大学，2015.

2. 利奇（Leech，1983）的梯形图

如图 2 - 2 所示，利奇（Leech，1983）认为言语在交际时按照 1→2→3→4→5→6 的顺序进行。其中，步骤 1、步骤 2 和步骤 3 为发言者的编码过程，步骤 4、步骤 5 和步骤 6 为听话者的解码过程。

具体来看，步骤 1 为初始阶段，发言者确定交际动机、目的；步骤 1→步骤 2，发言者确定中心概念、选择相关词义；步骤 2→步骤 3，发言者将上述信息转换为言语形式。因此，在利奇（Leech，1983）的梯形图左边的流程为：发言者首先确定交际目的，然后转换为言语意义，进一步转换为文字符号或声音，最后形成实际话语（textual 或 text）。

听话者的解码过程与前面的编码过程正好相反。步骤 4→步骤 5，听话者将文字符号或声音还原为言语意义；步骤 5→步骤 6，听话者推导发言者的言语用意；步骤 6 是交际的终端，听话者推断发言者的初始目的。

从梯形图来看，图中的横向虚线表示发言者和听话者之间的间接联系，实线表示发言者和听话者之间的直接联系，这些联系构成了言语交际过程的三个层次。第一层为步骤 3 和步骤 4 之间的话语层（textual 或 text），对应图 2 - 2 的实线，是交际双方使用实际语言符号，相当于执行了奥斯汀（Austin）言语行为理论中的话语行为（locutionary act）。第二层为步骤 2 和步骤 5 之间的信息传递层

(ideational 或 message-transmission)，对应图 2 − 2 的稍黑的虚线，是交际双方对言语字面意义、中心概念的理解，相当于执行了听话者推导发言者话语施事行为 (illocutionary act)。第三层为步骤 1 和步骤 6 之间的人际关系层（interpersonal 或 discourse），对应图 2 − 2 的虚线，这一关系制约着对话双方交际的内容、编码和解码过程中所需共同遵循的规范，当听话者在交际终点获得发言者的初始时，相当于执行了话语施效行为（perlocutionary act）。

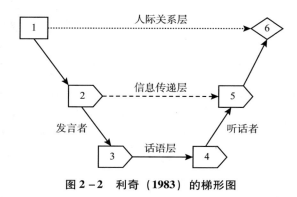

图 2 − 2　利奇（1983）的梯形图

资料来源：（1）Leech, G. N. Principles of Pragmatics ［M］. London：Longman，1983；（2）王寅 . 语义理论与语言教学 ［M］. 上海：上海外语教育出版社，2010.

利奇（Leech，1983）从语言学的角度设计出的梯形交际图，将言语交际分为六个阶段、三个层次，既考虑了言语的社会性、情景意义，也考虑到言语交际过程中的心理因素；既有深层联系，也有表层联系；编码和解码两个过程相对应。利奇（Leech，1983）的梯形图认为，言语的交际过程是交际双方通过言语传达言语目的和意义；双方需要在社会环境、人际关系中解析言语目的。

2.1.4　言语行为理论

言语行为在日常交际中是最为普遍的现象之一。言语行为理论（speech acts theory）在哲学、语言学、心理学、人工智能等领域产生重要影响。言语行为理论的创始人为英国语言哲学家奥斯汀（Austin），其在 "How to Do Things with Words"（《如何以言行事》）阐述了言语行为理论。该理论的主要观点是，言语交际的基本单位不是词、句，而应是用词或句所完成的行为，即"言则行"（"to say something is to do something"，or "by saying or in saying something we are doing something"）。

言语行为理论经历两个发展阶段。第一阶段，奥斯汀将言语划分为施事话语（performative utterance）和记述话语（constative utterance）。然而，奥斯汀本人和其他学者在实际中很难区分哪些是施事话语，哪些是记述话语。奥斯汀后来提出三分法，即话语行为（locutionary act）、话语施事行为（illocutionary act）、话语施效行为（perlocutionary act）。

话语行为是通常意义上地说了什么，是在传达一定信息或思想的话句。由于话语行为通过话语来表达事实或状态，因此，话语行为有真假状态。

话语施事行为是奥斯汀言语行为理论的核心，通过说出某句话语来完成某种行为，是在特定话语环境中赋予话语的一种力量，奥斯汀将这种力量称为语旨力。语旨力是指完成话语行为的推动力，通常由动词来表达。奥斯汀按照动词将话语施事行为分为五类：判决式（verdictives）、执行式（exercitives）、承诺式（commissives）、行为式（behavitives）、阐述式（expositives）。奥斯汀用公式"In saying X, I did Y"来表达话语施事行为。例如，当发言者发言"I will come tomorrow"，发言者表示"I was making promise"。在这个句子中，"I will come tomorrow"表示话语行为，"I was making promise"表示话语施事行为。

话语施效行为表示发言者说出某句话后产生的某种影响，这种影响是对说话者、听话者，或者其他人的情感、行为或思想的影响。需要注意的是，话语施效行为所产生的影响，不是话语施事行为中所实施的某种行为。话语施效行为可用公式"By saying X and doing Y, I did Z"表达。如当发方者发言"I will come tomorrow"，并做出行为"making a promise"，然后"I reassure you"。"I reassure you"就是话语后所产生的影响。

奥斯汀认为，言语产生施事行为和施效行为是有条件的。他将生效条件概括为四项共循规则（shared rules）：第一条原则是命题内容规则（propositional content rule），实施行为必须有一定的主题和内容，并且能体现在言语上下文之中；第二条原则是预告默契规则（preparatory rule），交际双方必须具有共同的常识，具有理解和解释言语行为的能力；第三条原则是决意实施规则（sincerity rule），行为施事者决意去实施某个行为，或者对实施具有相应诚意（如不搞假许诺）；第四条原则是承担义务规则（essential rule），实施行为时便承担起付诸实施的义务或责任（如许诺了就要做）。

瑟尔（Searle）发展了奥斯汀的言语行为理论，提出间接言语行为理论（indirect act theory）。该理论认为，当人们通过话语的字面意思来实现交际目的，为直接言语行为；当通过话语取得话语之外的效果时，则为间接言语行为。间接言语行为理论所需要考察的关键问题是，发言者如何通过字面意思来表达间接的言外之意，听话者如何从发言者的字面意思中推断间接的言外之意。

2.2　投资者关系管理研究

2.2.1　投资者关系管理的内涵

在发达的资本市场中，投资者关系管理是实践应用和学术研究的热点。在中国新兴市场和转型经济背景下，资本市场取得长足发展。随着上市公司规模的日益扩大，投资者规模相对增加、范围不断延伸，投资者关系管理逐渐成为公司治理的一个重要研究课题。

本质上，投资者与上市公司之间的关系产生的原因是双方的互相需求。投资者将资金投向上市公司，是希望从上市公司中获得回报，然而这种回报存在极大的不确定性。因此，投资者关注反映过去的业绩和未来前景的财务数据和非财务数据。上市公司需要资金投入战略发展和日常经营。双方的需求是否得到实现并保持长期稳定，取决于良好的投资者关系管理。公司与投资者之间的关系如图 2 - 3 所示。公司与投资者之间的关系是否能够持久和良好，取决于关系是否能够创造价值。双方关系价值越高，公司与投资者之间的依赖性越强，共同创造的价值也就越大。当投资者与公司之间互相忠诚，关系价值随之产生。布希和米勒（Bushee and Miller，2012）认为，有价值的投资者关系包括吸引、承诺、信任。

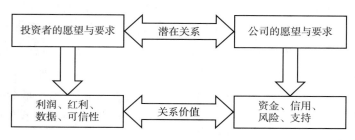

图 2 - 3　公司与投资者的关系

资料来源：马连福，赵颖．基于公司治理的投资者关系文献评述与研究展望 [J]．南开管理评论，2006，1：21 - 27.

2.2.2 投资者关系评价研究

美国金融分析师联合会企业信息委员会 （Financial Analysts Federation Corporate Information Committee，FAFCIC） 基于公司的沟通及时性、完整性和准确性，对上市公司的投资者关系管理活动进行评价。朗和伦德霍尔姆 （Lang and Lundholm，1996） 利用 FAFCIC 的数据，对公司信息披露质量排序，实证检验信息披露政策与分析师关注、盈余预测准确性之间的关系。此外，一些专业机构对投资者关系进行评价，如路透社 IR 评选、日本证券分析师协会投资者关系评选等。

国内投资者关系评价研究主要有三个指数。南开大学公司治理研究中心构建了中国公司治理指数，由控股股东治理、董事会治理、监事会治理、经理层治理、信息披露、利益相关者治理六个维度 80 多个评价指标构成。学者一般使用信息披露和利益相关者治理来评价投资者关系。李心丹等 （2006） 构建了投资者关系管理指数，从投资者关系的管理、质量、结果三方面进行评价。林斌等 （2005） 构建了上市公司网站投资者关系指数，该指数从信息披露内容和投资者支持两方面进行评价，由 48 个指标构成。

2.2.3 投资者关系管理的价值效应

投资者关系是一种价值关系，学术界主要从三个维度研究：投资者关系管理与公司价值的直接检验、投资者关系管理与公司价值的间接检验、投资者关系管理与风险管控。

投资者关系管理与公司价值的直接检验包括投资者关系管理与公司财务业绩 （Jiao，2011；Garay et al.，2013；李心丹等，2007；杨德明等，2007；马连福等，2011）、股票收益 （Peasnell et al.，2011；Vlittis and Charitou，2012）、股票流动性 （Hong and Huang，2005）、股权融资 （辛清泉等，2006；马连福等，2008；刘善敏等，2008）。

投资者关系管理与公司价值的间接检验包括投资者关系管理与代理成本 （Chandler，2014）、公司可视性 （Bushee and Miller，2012；Kirk and Vincent，2014）、企业声誉 （Hockerts and Moir，2004；Uysal，2014）、内部控制 （李志斌等，2013）、公司治理 （肖斌卿等，2007）、盈余管理 （马连福等，2008）。

部分学者从风险管控的角度探讨了投资者关系管理的价值效应。权小锋等 （2016a） 实证分析了投资者关系管理与股价崩盘风险之间的研究，研究发现，投资者关系管理的信息职能、组织职能和股价崩盘风险显著负相关。进一步研究发现，投资者关系管理的组织职能与内部控制质量具有互补关系。权小锋等（2017）从危机管理的视角，分析投资者关系管理在负面事件中的作用机制，研究发现，在公司负面事件中，投资者关系管理存在"保险效应"，提高负面事件中股票的累计超额收益；投资者关系管理存在"危机公关效应"，正面影响事件发生后的媒体报道、分析师跟踪、机构投资者持股。学者还从外部审计、违规风险等角度分析投资者关系管理的作用（权小锋和陆正飞，2016；权小锋等，2016b）。

2.3　业绩说明会研究

国外与我国上市公司业绩说明会类似的制度安排是盈余电话会议，相关研究较为成熟。但是，据笔者检索，目前仅有少数几篇文献检验业绩说明会的经济后果（谢德仁和林乐，2015；林乐和谢德仁，2016、2017）。因此，本书首先综述盈余电话会议的研究，然后再综述业绩说明会的研究。

2.3.1　举行盈余电话会议的影响因素

盈余电话会议自 20 世纪八九十年代开始，至今已有近 40 年的历史。在 2002 年，只有 45% 的非金融行业上市公司举行电话会议，而到 2011 年约有 72% 的公司召开盈余电话会议（Lee，2016），这表明，盈余电话会议越来越受到上市公司重视。

早期研究中，学者主要关注举行盈余电话会议的影响因素。塔斯克（Tasker，1998）发现，当财务报告缺少信息含量时，公司越倾向于自愿举行盈余电话会议。弗兰克尔等（Frankel et al.，1999）以 1995 年 2～11 月的 808 家上市公司 1,056 个盈余电话会议为样本，分析哪些因素影响公司召开盈余电话会议。弗兰克尔等（1999）发现，当公司规模较大、盈利能力较强、有更多分析师关注时，公司更有动机召开盈余电话会议；当公司处于高科技行业、销售增长速度较快、市值账面比更高时，公司更有动机召开盈余电话会议。他们认为，公司管理层使用盈余电话会议减少信息不对称。斯金纳（Skinner，2003）指出，由于技术的发展，以及来自市场、监管的压力，盈余电话会议逐渐从封闭走向开放，为资本市场参与者提供更多的信息。布希等（Bushee et al.，2003）发现，尽管公平信息披露规则的实施降低了管理层举办盈余电话会议的概率，但是并没有减少盈余电话会议的信息含量。金布鲁和路易斯（Kimbrough and Louis，2011）发现，当并购资金来源于股票融资，或交易规模较大时，竞标者更可能在发布兼并公告时召开电话会议。皮莱等（Price et al.，2015）发现，当公司独立董事比例更多、机构投资者持股比例较大时，公司更愿意召开盈余电话会议。

2.3.2　盈余电话会议与市场反应

现有研究表明，盈余电话会议增加信息含量，引起市场反应。例如，弗兰克尔等（1999）发现，盈余电话会议为市场参与者提供了增量信息；在盈余电话会议召开期间，大笔金额交易的交易量显著增加，表明盈余电话会议信息被规模较大的投资者获得。金布鲁（2005）发现，盈余电话会议降低了投资者对盈余公告的反应不足，减少了盈余漂移。金布鲁和路易斯（2011）发现，与盈余新闻稿相比，盈余电话会议能提供更多的信息含量，并且提供更多前瞻性信息。盈余电话会议不仅在短期内具有信息增量，布朗等（2004）认为，盈余电话会议作为一种自愿性信息披露行为，可以长期降低与投资者之间的信息不对称。布朗等（2004）发现，频繁地举行盈余电话会议可以降低公司权益成本。

盈余电话会议增加信息含量可能有两个原因：第一，管理层可能在盈余电话会议中补充披露盈余公告的信息。弗兰克尔等（1999）认为，盈余电话会议没有书面盈余公告的正式性，其法律责任低于盈余公告的陈述。管理层可能在盈余电话会议中提供不愿意在盈余公告披露的信息，从而增加盈余电话会议的信息量。第二，相对于书面披露，盈余电话会议的管理层发言属于口头披露，管理层的口头信息通过交流逐渐披露给参与者。梅尤等（Mayew et al.，2013）发现，管理层在盈余电话会议中的口头信息披露与市场收益之间存在显著关系。

部分学者进一步比较管理层展示部分（management discussion，MD）和讨论部分（Q&A）的信息含量。管理层在展示部分可能没有披露信息，主要有两个原因：第一，管理层可能不知道某些特定信息是重要的；第二，管理层可能不愿意披露某些信息。因为管理层总是愿意披露好消息，隐瞒坏消息。如果管理层没有在盈余电话会议展示部分披露某些信息，市场不一定会将未披露的消息理解为坏消息，因为管理层可能不知道投资者需要这些信息。但是，当分析师在盈余电话会议中向管理层提问，要求提供这些信息时，那么管理层就需要披露该消息，否则市场将从不愿意披露消息的角度进行理解（Hollander et al.，2010），因此讨论部分具有信息含量（Matsumoto et al.，2011）。霍兰德等（Hollander et al.，2010）发现，管理层经常默默地（in the dark）离开盈余电话会议，不回答投资者提问。公司规模、CEO 股权激励、公司年龄、公司业绩、诉讼风险等因素对管理层回避提问有显著影响。进一步研究发现,投资者对这种沉默进行负面的解释。松本等(Matsumoto et al.,2011)发现,管理层展示部分和讨论部分均有信息含量,且讨论部分的信息含量更为显著;当公司业绩较差的时候,公司在展示部分时提供更多的信息,讨论部分的信息含量显著增加。

2.3.3 盈余电话会议与分析师预测

布朗等(2002)检验盈余电话会议与分析师预测误差和离散度之间的关系,分析盈余电话会议是否增加分析师的可获得信息。布朗等(2002)发现,盈余电话会议提高了分析师的预测准确性,并且这种关系受到分析师的能力、经纪商隶属关系的影响。梅尤(Mayew,2008)发现,参加盈余电话会议的分析师更有可能推荐该股票。梅尤等(2013)使用2002~2005年盈余电话会议记录进行研究,研究发现,相对于没有参加盈余电话会议的分析师,参加盈余电话会议的分析师随后发布更加准确和更加及时的盈余预测。索尔特斯(Soltes,2014)、所罗门和索尔特斯(Solomon and Soltes,2015)发现,在盈余电话会议后,分析师与管理层私下的一对一沟通,提高了分析师的交易决策效率。荣格等(Jung et al.,2017)发现,当卖方分析师较少关注公司,或者卖方分析师的盈余预测离散程度较大时,买方分析师更愿意参加盈余电话会议。弗兰克尔等(Frankel et al.,2010)发现,当盈余差一点就达到分析师预期时,盈余电话会议举行时间的长度显著增加。

2.3.4 盈余电话会议与文本分析

近年来,部分学者从文本分析的角度探讨了盈余电话会议的经济后果,形成了一些比较有趣的研究成果。

1. 从目标短语的角度分析盈余电话会议

杰林斯基等(Dzieliński et al.,2017)将管理层在盈余电话会议中的讲话方式划分为坦率地谈话(straight talkers)和含糊地谈话(vague talkers)。他们将管理层谈话时使用到"可能"相关的词语(如 approximately、probably、maybe)定义为含糊地谈话。他们的研究发现,当管理层含糊地谈话时,盈余电话会议缺少信息含量。米利安和史密斯(Milian and Smith,2017)探讨了盈余电话会议中分析师的赞扬(如 congratulations on the great quarter)的影响因素与经济后果。米利安和史密斯(2017)发现,分析师赞扬与未预期盈余显著相关,与超常股票收益显著正相关。

2. 从语调的角度分析盈余电话会议

第一，管理层语调与股票收益。皮莱等（2012）发现，盈余电话会议问答环节的语调与股票未来三天和两个月的超常收益显著相关。多兰等（Doran et al.，2012）通过房地产投资信托（real estate investment trusts）盈余电话会议进行案例分析，研究发现，盈余电话会议的语调与盈余电话会议期间的股票收益显著相关。布罗克曼等（Brockman et al.，2015）比较了盈余电话会议中，管理层和分析师语调的信息含量差异。布罗克曼等（2015）发现，管理层语调比分析师语调积极；但是，分析师语调信息含量更大，投资者对分析师语调的反应更强。布劳等（Blau et al.，2015）用卖空型投资者（short sellers）代表成熟投资者，分析成熟投资者与普通投资者对管理层语调的反应是否有差异。布劳等（2015）发现，在有正的未预期盈余时，异常的管理层语调对成熟投资者有所影响。博罗钦等（Borochin et al.，2017）发现，盈余电话会议语调与期权隐含波动率（the implied volatilities from options）之间存在显著关系。梅尤和文卡塔查拉姆（Mayew and Venkatachalam，2012）利用 LVA 软件分析盈余电话会议的音频资料，提取管理层语调，发现管理层语调与股票收益显著正相关。

第二，管理层语调和经营业绩。艾玲和迪格利斯（Allee and Deangelis，2015）发现盈余电话会议的语调与公司的当前业绩、未来业绩显著相关。但是，戴维斯等（Davis et al.，2015）发现，当使用亨利（Henry，2008）词典和拉夫兰和麦克唐纳（Loughran and McDonald，2011）词典进行语调分析时，管理层语调与未来业绩显著正相关；使用辞典（Diction）进行语调分析时，管理层语调与未来业绩之间的关系不显著。德鲁兹等（Druz et al.，2018）发现，当管理层消极语调增加时，公司的未来盈余显著下降且存在更高的不确定性。

第三，管理层语调与个人行为。戴维斯等（2015）认为，管理层语调与管理层的某些特质相关，例如，管理层早期的职业经历、参与的慈善组织。布罗凯等（Brochet et al.，2016）发现，当管理层来自个人主义文化背景时，其倾向于使用积极语调。布罗克曼等（2017）发现，当管理层语调为消极时，在盈余电话会议后，管理层更有可能买入股票；当管理层语调为积极时，管理层更可能卖出股票。

3. 从文本相似性的角度分析盈余电话会议

李（Lee，2016）分析投资者是否能够发现管理层使用事先准备好的文本回应投资者问题所隐藏的坏消息。李（2016）将讨论部分的文本与展示部分的文本的相似性，作为衡量管理层是否使用事先准备好的文本回应投资者。李（2016）发现，缺乏自然的回答与盈余电话会议的市场反应、随后的季度异常收益显著负相关；缺乏自然的回答与分析师推荐降级显著相关，与下年度的未预期盈余显著负相关。西康（Cicon，2017）将讨论部分的文本与展示部分的文本的差异性，作为衡量盈余电话会议的信息含量，研究发现，当分析师在盈余电话会议中较为活跃时，盈余电话会议的信息含量显著增加。

4. 利用机器学习和人工智能方法分析盈余电话会议

拉克尔和扎科柳金娜（Larcker and Zakolyukina，2012）基于盈余电话的文本记录，以财务重述为标准，标注样本的"真实"或"欺诈"，训练基于语言的欺诈预测模型。拉克尔和扎科柳金娜（2012）发现，基于语言的欺诈预测模型的预测效果，至少等同于基于财务或会计变量的预测模型；将基于 CFO 语言欺诈得分最高的公司形成的投资组合，会产生 -4% ~ -11% 的阿尔法预期年化收益。弗兰克尔等（2017）利用支持向量回归（Support Vector Regressions，SVR）、隐含狄利克雷分布（Latent Dirichlet Allocation，LDA）、随机森林回归树（Random Forest Regression Trees，RF）方法，从盈余电话会议中提取文本特征信息，研究发现，这些文本特征信息可以部分解释分析师预测修订。

部分学者还从其他角度分析盈余电话会议。布罗凯等（Brochet et al.，2016）使用非美国公司的英文盈余电话会议记录，分析语言障碍如何影响资本市场对信息披露的反应。布罗凯等（2016）发现，当公司在语言障碍比较大的国家时，经理的发言存在更多的语法错误；当经理的发言存在更多的语法错误时，市场给予负向反应；并且，当公司位于非英语国家、更多母语为英文的分析师参与盈余电话会议时，市场反应更加负面。柯克和马尔科夫（Kirk and Markov，2016）比较了分析师/投资者接待日、会议展示（conference presentations）的市场反应。柯克和马尔科夫（2016）认为，会议展示程序复杂，减少了与投资者沟通的时间，并且会议展示的形式受到严格限制，因此，会议展示不是一种较为完善的信息交流方式。柯克和马尔科夫（2016）发现，相对会议展示，分析师/投资者接待日其对股价的影响更大，影响时间更长。

2.3.5　国内关于业绩说明会的研究

据笔者检索，目前仅有少数几篇文献分析业绩说明会（谢德仁和林乐，2015；林乐和谢德仁，2016，2017）。谢德仁和林乐（2015）、林乐和谢德仁（2016，2017）以 2005 ~ 2012 年投资者关系互动平台的业绩说明会互动记录为样本，利用传统的语调词典分析法，获得管理层语调。谢德仁和林乐（2015）发现，管理层积极（消极）语调和未来业绩显著正（负）相关。林乐和谢德仁（2016）发现，管理层净积极语调与市场反应显著正相关；进一步研究发现，消极语调与股票收益率显著负相关，但是没有证据显示，积极语调与股票收益率显著相关。林乐和谢德仁（2017）发现，管理层净积极语调提高了分析师更新荐股可能性和荐股评级；但是，分析师仅对管理层积极语调有显著影响，而对消极语调没有显著影响。

这三篇文献存在一些不足：第一，主要从管理层的角度进行分析。在业绩说明会中，投资者和管理层是两个不可或缺的角色，仅分析管理层语调可能有所偏颇。第二，主要使用语调词典分析法获得管理层语调。这个分析方法存在一些不足：语调词典分析法在类似微博、微信语境中难以胜任；使用不同的语调词典，实证结果可能不相同；简单使用语调词典可能会忽略修饰情感词语的否定词。因此，传统的文本分析方法可能不能精确衡量语调。

随着投资者关系管理实践的发展，深圳证券交易所和上海证券交易所分别推出"互动易"和"上证 e 互动"，学者围绕这些投资者关系管理研究进行了有益的探索。丁慧等（2018）以"上证 e 互动"为背景，研究发现，社交媒体背景下投资者信息获取和解读能力的提高能够显著提高市场盈余预期准确性，产生盈余预期修正作用。谭松涛等（2016）以"互动易"作为外生冲击事件，使用双重差分法考察类微博的信息披露对资本市场信息效率的影响，研究发现，在设立"互动易"之后，深市上市公司的股价非同步性提升幅度、分析师预测偏差降低幅度均比沪市上市公司大。岑维等（2014）和岑维等（2016）分别从股票收益、投资者保护的角度分析"互动易"的经济后果。徐巍和陈冬华（2016）发现，微博披露与超额回报、超额交易量显著相关。

综上所述，盈余电话会议相关研究较为成熟，学者分别从举行盈余电话会议的影响因素、市场反应、分析师预测等角度进行分析。近年来，部分学者从文本分析的角度探索盈余电话会议的有效性。据笔者检索，目前仅有少数几篇文献分析业绩说明会（谢德仁和林乐，2015；林乐和谢德仁，2016、2017）。业绩说明会的研究存在一些不足：主要从管理层的角度进行分析；传统的文本分析方法可能不能精确衡量语调。

2.4　文本分析研究

文本分析（textual analysis）在不同应用场景有不同的称呼，如机器语言

（computational linguistics）、自然语言处理（natural language processing）、信息检索（information retrieval）、内容分析（content analysis）。由于文本分析和定性分析（qualitative analysis）的不精确性，它们与定量分析（quantitative analysis）有着清晰的界限，文本分析或定性分析较难转化为定量分析（Loughran and mcDonald，2011）。随着计算机技术和自然语言处理技术的迅猛发展，为文本分析提供了许多有效工具，极大地促进了文本分析的实证研究。后面综述常用的文本分析方法，包括目标短语、可读性、语调分析、文本相似性、机器学习和人工智能，然后阐述常用的中文文本分析工具。

2.4.1　目标短语

最简单的文本分析是，通过计算特定几个单词或短语的出现频率，获得关键变量。这种文本分析方法比较简单，容易操作。

第一，特定词语。拉夫兰等（2009）计算伦理（ethic）、社会责任（corporate responsibility，social responsibility，socially responsible）单词在年度报告中出现的频率，分析其是否与公司治理、公司诉讼相关。拉夫兰等（2009）发现，当经理关注这些话题时，公司治理较弱，被起诉的概率更高。李等（Li et al.，2013）计算 10－K 报告中"竞争"相关的词语（competition，competitor，competitive，compete，competing）出现的频率[①]，衡量管理层对他所面临的竞争强度的看法。克拉维特和穆斯鲁（Kravet and Muslu，2013）和坎贝尔等（Campbell et al.，2014）计算 10－K 报告的风险单词，衡量公司的风险信息披露。

第二，特有信息（specificity）。霍普等（Hope et al.，2016）使用特有信息衡量公司风险披露的质量。霍普等（2016）认为，特定词语传达了公司有关的特定信息，例如，特定实体名称（如"Microsoft"）比一般词语（如"firm"）具有更多的细节。他们将以下几类特定词语归类为特定词语：人名、地点名称、组织名称、数值、货币金额、时间、日期。

第三，文本引用（boilerplate）。朗和斯蒂斯·劳伦斯（Lang and Stice－Lawrence，2015）提出文本引用概念。他们计算文本引用的过程为：首先，计算全部文本的四个英文单词组成的词组（tetragram）；其次，当词组在 30% 的文档中出现至少一次，或者在同一文档中出现至少 5 次，将其设定为待确定词组；再次，人工检查在 60% 的文档中出现至少一次的词组，剔除常见词组（例如，as a

---

[①]　在计算时，包括单词后附加 s，并删除该单词前面三个之内存在 not、less、few、limited 的情况。

result of)，当词组在一个国家的 80% 的文档中出现至少一次，或者在全部文档①的 75% 的文档中出现至少一次，则将该词组排除，剩余的则为文本引用词组列表；最后，将每份报告与文本引用词组列表对比，获得文本引用比例。朗和斯蒂斯·劳伦斯（2015）以 1998 ~ 2011 年 42 个国家超过 15,000 个非美国公司为样本，以强制实施国际财务报告准则（IFRS）为外生事件，研究发现，在强制实施国际财务报告准则（IFRS）之后，文本引用率显著下降。代尔等（Dyer et al.，2017）基于1996 ~ 2013 年的 10 – K 报告，分别从报告长度、文本引用、特有信息、可读性、数字信息等文本特征角度，利用潜在狄利克雷分配（Latent Dirichlet Allocation，LDA）方法进行分析，研究发现，财务会计准则委员会（FASB）和美国证券交易委员会（SEC）的要求在文本特征变化过程中扮演着重要角色。

在国内，吴建南等（2007）对第三届"中国地方政府创新奖"的 133 个项目申请书进行文本分析，研究发现，政府的内在动力和外在压力是创新的首要原因，但是他们的研究仅仅是对文本信息进行简单的提取和分析。郭毅等（2010）利用关键语篇分析法，研究"红头文件"的文本陈述对国有企业改革的影响。他们发现，"红头文件"中肯定性语句明确了国有企业改革的方向，影响性语句规定了改革内容。姜付秀等（2015）检索年度报告、内部控制评价报告的文本，如果企业文化的陈述中包含"诚信""诚实""真实""真诚""虔诚""道德""信誉""信任""信用"任何一个语汇，则认为企业拥有诚信文化。姜付秀等（2015）发现，拥有诚信文化的上市公司与盈余管理显著负相关。

2.4.2　可读性

可读性在会计信息披露的研究中有比较长的历史（Jones and Shoemaker，1994）。受限于技术，早期的可读性研究中，样本量较少。丁尼生等（Tennyson et al.，1990）分析了财务困境和管理层叙事话语之间的关系，他们的样本为 23个美国破产公司和 23 个非破产公司。后文将从迷雾指数和报告文件大小两个方面进行综述。

1. 迷雾指数

李（2008）使用迷雾指数（Fog Index）和年度报告单词个数来衡量年度报告可读性。迷雾指数被定义为平均句子单词数和复杂单词比例（超过两音节的单词为复杂单词），迷雾指数的指数公式见式（2 – 1）。迷雾指数的大小直接体现

---

① 即各国文档的总和。

为需要多少年的教育才能在第一次阅读时就能理解文本内容。例如，迷雾指数的值为16，表明需要16年的教育（即本科的教育程度）在第一次阅读时就能理解文本的内容。

$$迷雾指数 = 0.4 \times (平均句子单词数 + 复杂单词比例) \qquad (2-1)$$

李（2008）发现，当年度盈余质量较低时，上市公司更倾向于使年度报告难以阅读（迷雾指数更高，单词数更多）。布卢德菲尔德（Bloomfield，2008）认为，这个发现可能是由于较差业绩的公司需要更多的单词和更长的语句，向投资者解释公司所处的环境。李（2008）还发现，年度报告可读性越高，公司的盈余持续性越好。李（2008）这篇论文的关键贡献在于将经营业绩和年度报告的文本特征开创性地建立联系。

在李（2008）之后，部分学者利用迷雾指数衡量年度报告可读性，取得一定的成果。比德尔等（Biddle et al.，2009）发现，年度报告可读性（包括迷雾指数在内的三个变量来衡量）和投资效率显著正相关。盖伊等（Guay et al.，2016）发现，当公司年度报告可读性（包括迷雾指数在内的六个变量来衡量）欠缺时，管理层倾向于披露更多的盈余预测，以降低可读性的负面影响。伦德霍尔姆等（Lundholm et al.，2014）发现，在美国上市的外国公司更倾向披露可读性强的报告。莱哈维等（Lehavy et al.，2011）发现，公司年度报告可读性越强，分析师的预测离散程度越小；进一步研究发现，当公司信息披露可读性较差时，分析师会努力收集资料进行分析，年度报告迷雾指数越高，越吸引分析师跟踪该公司。

信息披露的可读性显著影响投资者的行为。米勒（Miller，2010）发现，当公司的迷雾指数较高时，小投资者的交易量显著降低。劳伦斯（Lawrence，2013）以78,000个美国家庭1994～1996年的真实投资数据作为样本，研究发现，个体投资者更倾向于投资年度报告单词数量小和年度报告可读性强的上市公司。德佛朗哥等（De Franco et al.，2015）发现，年度报告可读性与年度报告披露之后三个窗口内的交易量显著相关。雷纳坎普（Rennekamp，2012）通过234位参加者做实验，向他们发放总信息量相同、报告长度相同但可读性不同的报告，研究发现，随着可读性的提高，参与者对好消息和坏消息的反应更加强烈。雷纳坎普（2012）认为，更高的可读性会促使投资者对信息的过度反应，特别是经验较浅的投资者。彭红枫等（2016）从文本分析的视角分析利率形成机制，以Prosper网络借贷平台上的交易数据为样本，研究发现，借款陈述的文本长度、迷雾指数与借款成功概率呈现"倒U型"关系。

以上研究表明，可读性在评价财务报告中扮演着举足轻重的作用，这些实证分析均用传统的可读性指标——迷雾指数。但是迷雾指数的效率如何？拉夫兰和麦克唐纳（2014）利用 1994～2011 年 66,708 份年度报告进行分析，研究发现，复杂单词（超过两音节的单词）比例得分占迷雾指数的一半。在年度报告中，常出现复杂单词，例如 financial，company，operations，management，employees，customers，投资者非常容易理解这些词。由于年度报告的复杂单词数量较多，迷雾指数的得分偏高，导致会计信息披露可读性的指标衡量效果较差。

2. 文件大小

拉夫兰和麦克唐纳（2014）提出使用 10 - K 报告文件大小的自然对数衡量可读性。他们认为，10 - K 报告文件大小很容易获得，不存在需要解析 10 - K 报告的问题。拉夫兰和麦克唐纳（2014）发现，公司 10 - K 报告文件大小与股票收益波动率、分析师预测离散程度和非预期盈余之间显著相关。拉夫兰和麦克唐纳（2014）进一步指出，使用汇总的文件大小，比删除无关组件（例如，HTML或图像）之后的净文件大小，更有效力。祐和张（You and Zhang，2009）、邦萨尔和米勒（Bonsall and Miller，2017）、布拉腾等（Bratten et al.，2014）、李和赵（Li and Zhao，2014）、埃尔图鲁尔等（Ertugrul et al.，2017）使用 10 - K 报告文件大小衡量报告可读性。

10 - K 报告文件大小衡量报告可读性也有其缺陷。正如拉夫兰和麦克唐纳（2014）所述，10 - K 报告文件大小与股票收益波动率、分析师预测离散程度和非预期盈余之间显著相关，可能仅是反映公司业务的业务复杂性。也即是，虽然10 - K 报告文件大小可以作为可读性的代理变量，但是这个变量无法区分公司业务复杂性和报告语言复杂性。因此，文件大小也不是衡量 10 - K 报告可读性的最佳指标。例如，在安然会计丑闻爆发后，上市公司通过增加年度报告的页数，提高公司透明度。洛伊兹和施兰德（Leuz and Schrand，2009）发现，年度报告长度的增加降低了股权资本成本。

部分学者从其他角度衡量可读性。邦萨尔（2017）提出一种新的可读性衡量方法——Bog Index，该方法旨在捕捉更广泛的简单英语（plain English）属性。Bog Index 的计算由计算机语言程序（Style Writer）完成。Bog Index 由三部分构成：Sentence Bog，识别由句子长度引起的可读性问题；Word Bog，识别简单英语风格和单词难度；Pep，识别有助于读者理解文本的属性。

由于中英文的语言差异，迷雾指数不能直接适用于中文文本分析，研究中文报告的可读性，必须突破中文可读性衡量的问题。丘心颖等（2016）构建了中文报告的可读性，可读性由七个因素构成：完整句（指是含有主谓结构的句子）与所有句子之比、基础词汇（属于汉语水平考试 1~3 级的词汇）与所有词汇之比、汉字平均笔画数、笔画数在 5~12 的字符比例、笔画数在 12~22 的字符比例、笔画数在 22~25 的字符比例、笔画数在 25 以上的字符比例。丘心颖等（2016）发现，年度报告复杂性与分析师跟踪显著正相关，表明分析师会积极跟进年度报告复杂的公司；年度报告复杂性与分析师预测准确性不存在显著正相关关系，表明分析师未能有效发挥解读信息的作用。

2.4.3　语调分析

学者通常使用语调词典分析法来获得语调，使用语调词典分析法有两个优点：第一，使用词典可以避免研究者的主观性；第二，使用计算机程序统计单词的出现频率，可以扩展为大量样本。

1. 语调词典

语调分析的第一步是确定使用哪个语调词典。在财务会计领域的外文研究中，较为常见的有四个词典：亨利（2008）、哈佛词典（Harvard's GI）、辞典（Diction）、拉夫兰和麦克唐纳（2011）。

（1）亨利（2008）词典。亨利（2008）词典是通过检索电信、计算机服务业新闻稿而创建的。这个词典存在明显的缺点，词典包含的单词数量有限。亨利（2008）词典中只有 85 个否定词，商业新闻中常见的消极语调词语，如 loss，losses，adverse，impairment，没有收录在该词典。

（2）哈佛词典。哈佛词典包含 4,187 个单词。

（3）辞典。辞典有 35 个子类别。为了获得积极语调单词列表，通常需要将该词典中子类别的赞美（praise）、满意（satisfaction）和鼓舞（inspiration）合计起来；为了获得消极语调单词列表，通常需要将该词典中子类别的责备（blame）、困难（hardship）和拒绝（denial）合计起来。使用这种合计方法，辞典共有 686 个积极语调词语和 920 个消极语调词语。

在会计和财务研究领域，多数学者使用哈佛词典和辞典，因为这两个词典较容易获得（Loughran and Mcdonald，2016）。但是，李（2010）、拉夫兰和麦克唐纳（2011、2015）认为哈佛词典和辞典不适用于衡量语调。李（2010）发现，使用哈佛词典和辞典计算 10-K 报告的语调，与未来业绩没有显著正相关关系。拉夫兰和麦克唐纳（2011）发现，在财务会计报告里，几乎 75% 的哈佛词典消极语调词语不具有消极语调意义。例如，在公司 10-K 报告中，税收（tax）、成本（cost）、资本（capital）、董事会（board）、责任（liability）、折旧（deprecia-tion）等哈佛消极语调词语通常不具有消极意义。拉夫兰和麦克唐纳（2015）发现，多数词语可能被错误分类。当管理层用这些词语（尊重，respect；必要，necessary；权力，power；信任，trust）描述未来或当前的行动时，通常不具有积极意义。

（4）拉夫兰和麦克唐纳（2011）词典。拉夫兰和麦克唐纳（2011）根据1994~2008 年的 10 - K 报告的单词使用情况，创建了六个维度的单词列表消极，积极，不确定，诉讼，强模态（strong modal）和弱模态（weak modal），包含 354个积极语调词语和 2,329 个消极语调词语。这个词典得到较为广泛的应用。拉夫兰和麦克唐纳（2011）词典具有两个优势：第一，与亨利（2008）词典不同，拉夫兰和麦克唐纳（2011）词典相对全面，没有出现常用的积极语调词语或消极语调词语丢失；第二，拉夫兰和麦克唐纳（2011）词典考虑了财务会计的具体情境。

国内常用的语调词典有：知网"情感分析用词语集"、台湾大学"中文情感极性词典"、大连理工大学信息检索研究室"情感词汇本体库"。关于这三个词典的介绍详见本章"中文文本分析工具"小节。据笔者了解，目前尚没有文献检验这些中文语调词典的分析效果。

2. 词频权重

在语调分析中，需要考虑如何将统计好的词语频率归一化，得出文本整体的语调。一般情况下，可以使用简单的算术比例法。但在某些情况下，学者可以根据词语在不同文档中出现的频次和重要程度，调整词语的权重。例如，不利（unfavorable）可能比没收（expropriating）、误传（misinform）出现的次数多1,000 倍，那么应当对不利（unfavorable）这个消极语调词语给予更多的权重。

拉夫兰和麦克唐纳（2011）使用的统计方法是词频—逆文档频率（term fre-quency-inverse document frequency，TF - IDF）。TF - IDF 方法常用于资讯检索与资讯探勘，用以评估单词在文本或语料库中的相对重要程度。该统计方法的主要思想是：对区别文本最有意义的词语应该是在当前文本中出现频率高，而在其他文档中出现频率少的词语。如果某个词频繁出现在一个文本中，在其他文本中很少出现，则可以认为该词具有很好的区分效果。

词频（TF）指的是，某个词语在一份文本中出现的频率。在这个文本中，对于词语 t 来说，它的重要性可表示为式（2 -2）。在式（2 -2）中，分子 $n_{t,j}$ 为词语 t 在文本 j 中出现的频数，分母为文本 j 中所有词语出现的频数总和。逆文档频率（IDF）表示某个词语的普遍重要性。对于某个特定词语的 IDF，其逆文档频率等于总文本数量 D 除以包含该词语的文本数量，见式（2－3）。那么，某个词语的词频权重等于词频乘以公式逆文档频率，见式（2－4）。

$$tf_{t,j} = n_{t,j} \Big/ \sum_k n_{k,j} \qquad\qquad (2-2)$$

$$idf_t = \log(\,|D|\,/\,|\{j:\ t \in d\}|\,) \qquad\qquad (2-3)$$

$$tf - idf_{t,j} = tf_{t,j} \times idf_t \qquad\qquad (2-4)$$

拉夫兰和麦克唐纳（2011）认为，TF－IDF 方法比简单的算术比例方法具有较好的适用性，部分语调分析的研究使用了该方法，如布朗和塔克（Brown and Tucker，2011）。亨利和里昂（Henry and Leone，2016）认为，复杂的技术在某些情况下可能具有优势，但是在资本市场信息披露的背景下，算术平均法同样强大，并且这些方法更直观、更容易实施和更容易复制。

3. 语调分析与财务会计

基于前述的语调词典、词频权重，学者界使用语调分析，开展了系列研究。

语调分析与股票收益。泰洛克（Tetlock，2007）计算华尔街日报"每日市场纵览"（Abreast of the Market）的语调，研究发现，该专栏中的新闻悲观情绪与股票收益率、股票波动显著相关。赫斯顿和辛哈（Heston and Sinha，2015）以路透社（Thomson－Reuters）超过 900,000 篇新闻为样本，研究发现，新闻语调与股票收益显著相关。科塔里等（Kothari et al.，2009）发现，公司信息披露公告的语调与股票收益波动、分析师预测误差离散程度显著相关。弗尔德曼等（Feldman et al.，2010）发现，在控制应计和未预期盈余后，10－K 报告和 10－Q 报告中的 MD&A 语调变化和市场反应显著相关。黄等（2014）发现，投资者对超常语调有显著的正向市场反应。

语调分析与未来业绩。戴维斯等（2012）发现，盈余新闻稿（earnings press releases）的语调越积极，未来 ROA 越高。戴维斯等（2012）为，管理层在发布盈余公告时使用的词语，发出管理层对未来业绩期望直接但微妙的信号。戴维斯和塔姆·思维特（Davis and Tama－Sweet，2012）发现，10－K 报告中的 MD&A 语调与未来 ROA 显著相关。

学者基于盈余电话会议的文本记录，分析电话会议的语调，形成系列研究，详见本章的"业绩说明会研究"小节。

在国内，黄润鹏等（2015）分析了微博情绪与股票价格的关系，研究发现，微博情绪倾向与上证指数收益存在格兰杰因果关系。段钊等（2017）使用连续双词的词类组合模式（2－POS 模式）判断句子主观程度的方法，分析企业社会责任信息披露的主观性/客观性，研究发现，社会责任报告主观性得分总体上显示为正态分布，且呈现历年上升趋势。张秀敏等（2016）从确定性、乐观性、语气强度三个维度考察环境信息披露语义特征。

2.4.4　文本相似性

文本相似性在自然语言处理和信息检索中有着广泛的应用。比如推荐系统，当读者阅读文章时，系统会在当前文章下方推荐相关文章；问答系统，识别用户输入的提问，并根据用户输入内容作出回答。

文本是一种高维的语义空间，学者通过数学方法进行抽象分解，从而能够站在数学的角度量化其相似性。衡量文本相似性有多种方法，在财务会计领域，学者一般使用余弦相似性衡量文本相似性。余弦值的范围在 ［-1，1］，值越趋近于 1，表示两个向量的方向越接近；越趋近于 -1，表示两个向量的方向越相反。

布朗和塔克（2011）以 1997～2006 年 10-K 报告的 MD&A 为样本，计算 MD&A 当年和上一年的文本相似性，研究发现，公司变化（如经营业绩、流动性、资本结构等）越大，文本相似性越低；并且，投资者对 MD&A 的变化有积极的市场反应。朗和斯蒂斯·劳伦斯（2015）以 1998～2011 年 42 个国家超过 15,000 个非美国公司为样本，将公司与行业之间的文本相似度衡量信息披露的可比性，以强制实施 IFRS 为外生事件，研究发现，在强制实施 IFRS 之后，公司之间的可比性增强了。汉利和霍伯格（Hanley and Hoberg，2010）以 1996～2005 年 IPO 招股说明书为样本，将 IPO 文本信息划分为标准信息和特有信息。标准信息是指和已上市公司的信息存在重复或类似的内容，而不同的内容则为特有信息。他们的研究发现，特有信息可以降低 IPO 抑价。郝项超和苏之翔（2014）借鉴汉利和霍伯格（2010）思路，分析沪深两市 733 家企业 IPO 招股说明书的文本信息，结论与汉利和霍伯格（2010）类似。

2.4.5　机器学习和人工智能

随着信息技术的迅猛发展，在文本分析研究中，涌现一些机器学习和人工智能的研究成果。常用的机器学习和人工智能方法包括：贝叶斯方法、无监督的机器学习、有监督的机器学习。

贝叶斯方法是较为成熟的文本分析方法之一。贝叶斯方法有两个优点：第一，它是机器而不是人类阅读文本，可以非常容易地实现海量数据分析；第二，建立了文本分析规则/过滤器之后，其他研究者在主观上难以影响文本的测量。

但是，缺点也非常明显，即其他人难以复制结果。由于贝叶斯程序通常有数百个，包含各种规则/过滤器，其他研究人员面临复制结果的挑战。

无监督的机器学习。使用无监督的机器学习对文本单词建模时，不需要预先确定因变量。隐含狄利克雷分布（Latent Dirichlet Allocation，LDA）是一种常用的无监督方法，用于"构建分类特征"，以减少数据维度。代尔等（Dyer et al.，2017）、杨和达塔（Yang and Datta，2014）使用 LDA 方法对信息进行分类。

有监督的机器学习。有监督的机器学习需要预先确定因变量，因此，该方向的预测效果比较好。弗兰克尔等（2017）使用支持向量积（SVR）识别 10 - K 报告 MD&A 的词语，用于解释应计项目并预测未来现金流量。但是，SVR 方法缺乏可解释性，因为它使用优化而不是直觉来识别文本中的词语（Manela and Moreira，2016）。

学者利用机器学习和人工智能，在财务会计领域开展了一些前沿性的探索。例如，李（2010）利用贝叶斯方法分析 10 - K 报告 MD&A 的前瞻性陈述（Forward - Looking Statements，FLS），研究发现，FLS 的语调与未来收入显著相关。普达和斯基里克（Purda and Skillicorn，2015）基于 10 - K 报告 MD&A 文本，开发出一个区别欺诈和真实报告的工具，实现高达 82% 的正确分类。布尔迈尔和怀特（Buehlmaier and Whited，2014）基于 10 - K 报告 MD&A 文本，建立财务约束的概率模型。黄等（2014）利用机器学习的方法，分析近 300 万份分析师报告的语调，研究发现，分析师报告语调与公司未来收入增长显著相关。

2.4.6　中文文本分析工具

文本分析研究的发展得益于信息技术和自然语言处理技术的发展，本节将阐述目前常用的中文文本分析工具。

1. 中文分词

信息处理的目标是使用计算机能够理解和产生的自然语言，而自然语言理解和产生的前提是能够对语言做出全面的解析。中文词汇是语言中能够独立运用的最小语言单位，是语言中的原子结构（郑捷，2017）。汉字起源于象形字。从古至今，每个汉字之间是相互独立的结构。早期的文言文中，一个汉字表达一个完整语义，所以不存在分词问题。随着白话文的发展，词汇从单音词走向复音词，从独字为词发展为以二字词为主，多字词并存的阶段。以复音词为主体的现代白话文，却没有明确的划分词汇标志。

中文分词指的是，将语句切分成单独的词。目前的分词算法主要有三类：字符串匹配分词法、统计分词法和基于理解的分词法。字符串匹配分词法，将待分析的字符串与词典进行匹配，若在词典中能找到，则匹配成功。基于理解的分词法，让电脑模拟人理解语句，达到识别词的效果。但是，由于汉语语言的笼统性和复杂性，目前该方法还处于实验阶段。统计分词法，计算机学习大量已经分词的文本，获得分词规律，实现对未知文本的切分。由于大规模语料库建立，统计方法不断发展，统计分词法逐渐成为主流。目前，结巴分词（jieba）是开源的中文分词工具，该工具主要使用统计分词法。

2. 语调词典

国内常用的语调词典有：知网"情感分析用词语集"、台湾大学"中文情感极性词典"、大连理工大学信息检索研究室"情感词汇本体库"。

知网"情感分析用词语集"包括中文情感分析用词语集、英文情感分析用词语集，包含词语约 17,887 个。台湾大学"中文情感极性词典"有 2,810 个积极属性词语、8,276 个消极属性词语。大连理工大学信息检索研究室"情感词汇本体库"包括乐、好、怒、哀、惧、恶、惊 7 大类 21 小类共 27,466 个情感词。据笔者了解，目前尚没有文献检验这些中文语调词典的分析效果。

3. 开放平台

中文文本分析开放平台主要有哈工大语言技术平台[①]、百度 AI 开放平台[②]、腾讯文智中文语义平台[③]、玻森数据语义开放平台[④]、衍数科技语义开放平台[⑤]。其中，哈工大语言技术平台是国内具有影响力的中文处理基础平台之一，玻森数据语义开放平台和衍数科技语义开放平台是近年来成立的开放平台。腾讯文智中文语义平台是基于并行计算系统，使用语义分析技术，进行一站式自然语言处理。

百度 AI 开放平台的自然语言处理依托于大数据、网页数据和用户行为数据，以及高性能集群（GPU、CPU 和 FPGA），形成基于 DNN 和概率图模型的语义计算引擎。文本输入到语义计算引擎，可以得到文本的语义表示，进而基于这个语义表示，进行语义层面的计算，包括语义匹配、语义检索、文本分类等。

百度情感分析技术依托于评论大数据、深度学习、语义理解等基础技术，建立了一套完整情感分类与观点挖掘的核心技术，包括情感倾向性分析、情感的情

---

① 网址：https：//www.ltp-cloud.com。
② 网址：http：//ai.baidu.com。
③ 网址：http：//nlp.qq.com。
④ 网址：https：//bosonnlp.com。
⑤ 网址：http：//www.acnlp.com。

绪分析，情感对象识别等。百度情感倾向性分析分别建立了句子级、实体级、篇章级多粒度完整的分析任务。通过基于 Bi – LSTM 分类方法，系统更好地捕捉情感极性在前后文表达的信息，相对于传统的分析方法有很大的提升。

2.5　本 章 小 结

本章梳理了业绩说明会相关理论基础和文献：

第一，回顾了业绩说明会相关理论基础，包括财务会计领域的信息不对称理论和代理理论，语言学的言语交际模型和言语行为理论。本章回顾了两个典型的言语交际模型。言语交际模型认为，交际双方通过言语传达言语背后的实际意图，并且双方需要在社会环境、人际关系中解析言语目的。言语行为理论认为，语言交际的基本单位不是词、句或其他语言形式，而应是用词或句所完成的行为，即"言则行"。

第二，投资者关系管理研究方面，实务界和学术界对投资者关系展开多维度的评价，如美国 FAFCIC、南开大学公司治理研究中心的中国公司治理指数、李心丹等（2006）的投资者关系管理指数、林斌等（2005）的上市公司网站投资者关系指数。学者围绕投资者关系管理展开多视角的研究，如投资者关系管理与财务业绩（Garay et al.，2013；李心丹等，2007）、股票收益（Vlittis and Chari-tou，2012）、股价崩盘风险（权小锋等，2016a）等。

第三，业绩说明会研究方面，盈余电话会议相关研究较为成熟，学者分别从举行盈余电话会议的影响因素、市场反应、分析师预测等角度进行分析。近年来，部分学者从文本分析的角度探索盈余电话会议的有效性。据笔者检索，目前仅有少数几篇文献分析业绩说明会（谢德仁和林乐，2015；林乐和谢德仁，2016、2017）。业绩说明会的研究存在一些不足：主要从管理层的角度进行分析；传统的文本分析方法可能不能精确衡量语调。

第四，文本分析研究方面，文本分析主要从目标短语、可读性、语调、文本相似性等角度构建变量。随着计算机技术和自然语言处理技术的迅猛发展，为文本分析提供了许多有效工具，极大地促进了文本分析的实证研究。

第 3 章　制度背景与现状分析

本章首先回顾投资者关系管理制度，然后详细分析业绩说明会的制度变迁，接着阐述业绩说明会数据获得的技术路线，最后对业绩说明会基本特征进行描述性统计。

3.1　投资者关系管理制度

3.1.1　投资者关系管理制度概述

投资者关系管理是西方发达国家资本市场成熟的产物。自 20 世纪 50 年代，投资者关系管理概念被提出后，上市公司，特别是大型上市公司，越来越重视投资者关系管理工作。投资者关系管理实践从无到有，逐渐发展成熟。投资者关系管理是上市公司运用市场营销和金融原理，促进与投资者之间的交流，提升公司治理水平，实现公司价值最大化的重要手段之一（NIRI，2011；李心丹等，2006）。

随着我国经济快速发展、资本市场日趋成熟，投资者关系管理越来越受到上市公司重视。2002 年，安然和世通等国际知名公司发生财务丑闻，国内也出现一系列会计舞弊，给证券市场带来了严重的负面影响，导致股市低迷。在此背景下，上市公司实施投资者关系管理的需求和愿望增强，投资者关系管理逐渐受到重视（万晓文等，2010）。

中国证券监督管理委员会（以下简称"证监会"）颁布了系列文件，将投资者关系管理提升到公司治理的层次，为投资者关系管理实践奠定良好的制度基础，2003 年 7 月 30 日，证监会颁布《关于推动上市公司加强投资者关系管理工作的通知》；2005 年 7 月 1 日，证监会颁布《上市公司与投资者关系工作指引》。

为了促进和引导上市公司积极开展投资者关系管理活动，上海证券交易所、深圳证券交易所出台系列规定，举办了相关活动。2003 年 10 月，深圳证券交易所发布《深圳证券交易上市公司投资者关系管理指引》；2004 年 1 月，上海证券交易所颁布《投资者关系管理自律公约》；2002 年，上海证券交易所在武汉举办"首届中国上市公司投资者关系论坛"。

随着投资者关系管理实践的发展，上市公司开展多种形式的投资者关系管理实践活动，如在公司网站建立"投资者关系"专栏、投资者实地调研、"互动易"和"上证 e 互动"等。

3.1.2 投资者实地调研

通过实地调研，投资者可以深入了解上市公司的经营状况、财务业绩。参加实地调研活动的投资者，多数为分析师、机构投资者，包括基金、券商、保险、私募基金等。投资者实地调研的内容主要为面对面会谈、参观经营场所。接待人员以董事会秘书和证券事务代表为主。上市公司不向调研人员支付差旅费，只提供便餐。当上市公司处于定期报告的静默期，或处于并购等重大决策敏感时间，上市公司可能会拒绝投资者的调研要求。

投资者实地调研可能会导致上市公司非公开信息的选择性披露。为此，2006年 8 月 10 日，深圳证券交易所颁布《深圳证券交易所上市公司公平信息披露指引》，要求上市公司确保信息披露的公平性，在年度报告中披露公司接待调研及采访等相关情况。2007 年 2 月 12 日，深圳证券交易所颁布《信息披露业务备忘录第 1 号：有关执行〈上市公司公平信息披露指引〉的披露要求》，规范公司接待调研及采访的披露格式。2012 年 7 月 17 日，深圳证券交易所颁布《信息披露业务备忘录第 41 号——投资者关系管理及其信息披露》《中小企业板信息披露业务备忘录第 2 号：投资者关系管理及其信息披露》和《创业板信息披露业务备忘录第 16 号：投资者关系管理及其信息披露》，要求上市公司在投资者关系活动结束后两个交易日内，编制《投资者关系活动记录表》，并在"互动易"网站上披露。

沪市上市公司的投资者实地调研制度方面，2009 年 4 月 9 日，上海证券交易所颁布《关于进一步做好上市公司公平信息披露工作的通知》，规范上市公司相关人员在接受外界采访、调研的行为。2012 年 8 月 3 日，上海证券交易所颁布《上市公司日常信息披露工作备忘录第四号：上市公司公平信息披露的注意事项》，要求上市公司应根据接受采访和调研的情况，确定来访人员是否为上市公司内幕信息知情人，并予以登记。2013 年 7 月 4 日，上海证券交易所颁布《关于启用"上证 e 互动"网络平台相关事项的通知》，要求上市公司应当每月汇总投资者来电来函、机构投资者调研、媒体采访等问答记录，并通过"上证 e 互动"平台的"上市公司发布"栏目予以发布。

3.1.3　"互动易"和"上证 e 互动"

　　随着国外脸书（Facebook）、推特（Twitter），国内微博、微信等社交网站和应用的快速发展，投资者关系管理实践进入了全新的阶段。由于微博、微信等社交网站和应用具有便捷、开放和交互等特点，加剧了证券市场信息的复杂性，影响了信息披露的传导效率。鉴于此，2009 年 12 月 25 日，深圳证券交易所发布《关于启用"深圳证券交易所上市公司投资者关系互动平台"的通知》，启用"深交所互动易"①。由于互联网技术发展，微博、微信等新媒体方式出现，深圳证券交易所于 2011 年 12 月 14 日发布《深圳证券交易所"互动易"业务操作指南》，推出基于 Web 2.0 平台的升级版"互动易"。2013 年 8 月 21 日，深圳证券交易所发布《关于深圳证券交易所上市公司投资者关系互动平台（"互动易"）有关事项的通知》，要求上市公司应当在两个交易日内答复"互动易"上的投资者提问；新增"公司声音"栏目，上市公司可通过该栏目发布 500 字以内的信息说明。与此同时，2013 年 7 月 4 日，上海证券交易所发布《关于启用"上证 e 互动"网络平台相关事项的通知》，启用"上证 e 互动"网络平台。

　　投资者关系管理相关制度详见表 3 - 1。

表 3 - 1　　　　　　　　　　　　投资者关系管理制度

日期	发文机构	文件名
2003/7/30	证监会	《关于推动上市公司加强投资者关系管理工作的通知》
2003/10	深交所	《深圳证券交易上市公司投资者关系管理指引》
2004/1	上交所	《投资者关系管理自律公约》
2005/7/1	证监会	《上市公司与投资者关系工作指引》
2006/8/10	深交所	《深圳证券交易所上市公司公平信息披露指引》
2007/2/12	深交所	《信息披露业务备忘录第 1 号：有关执行〈上市公司公平信息披露指引〉的披露要求》
2009/4/9	上交所	《关于进一步做好上市公司公平信息披露工作的通知》

---

　　①　深圳证券交易所在 2009 年推出该平台时，名字为"投资者关系互动平台"。2011 年，深圳证券交易所对该平台进行技术升级，改名为"深交所互动易"。

续表

日期	发文机构	文件名
2009/12/25	深交所	《关于启用"深圳证券交易所上市公司投资者关系互动平台"的通知》
2011/12/14	深交所	《深圳证券交易所"互动易"业务操作指南》
2012/8/3	上交所	《上市公司日常信息披露工作备忘录第四号:上市公司公平信息披露的注意事项》
2013/7/4	上交所	《关于启用"上证 e 互动"网络平台相关事项的通知》
2013/8/21	深交所	《关于深圳证券交易所上市公司投资者关系互动平台("互动易")有关事项的通知》
2012/7/17	深交所	《信息披露业务备忘录第 41 号——投资者关系管理及其信息披露》
2012/7/17	深交所	《中小企业板信息披露业务备忘录第 2 号:投资者关系管理及其信息披露》
2012/7/17	深交所	《创业板信息披露业务备忘录第 16 号:投资者关系管理及其信息披露》

3.2　业绩说明会制度

3.2.1　业绩说明会制度分析

业绩说明会是一种互动式的投资者关系管理活动,是互联网背景下的一项制度创新。业绩说明会的召开流程如下:上市公司提前发布公告,公告中列示业绩说明会召开时间、网址、参与人员;投资者在业绩说明会召开之前或举行过程中,在投资者关系互动平台中提问;在业绩说明会召开时,上市公司相关人员(董事长、总经理、财务总监、董事会秘书、独立董事、证券事务代表、保荐人代表等)对投资者的提问进行回答。业绩说明会例子详见附录"投资者关系互动平台示例"。

由于任何投资者都可以通过邮箱、手机号码在投资者关系互动平台注册,投资者发言时仅显示其昵称,没有其他识别信息,无法区分提问者的身份是否属于机构投资者和中小投资者。上市公司管理层回复时,投资者关系互动平台会显示其名字①。

伴随着互联网快速发展、社交网站蓬勃兴起,监管机构在推动上市公司开展

---

① 部分类型的网页仅显示为公司名字,不显示回复人员的名字。

投资者关系管理活动进行了诸多尝试，业绩说明会成规模的召开始于深圳证券交易所对中小板上市公司的特别规定。后文分析业绩说明会制度的变迁。

证监会对业绩说明会的召开没有强制要求。2005 年 7 月 11 日，证监会颁布《上市公司与投资者关系工作指引》，公司可以在定期报告披露后召开业绩说明会。2013 年 7 月，证监会颁布《关于推动上市公司加强投资者关系管理工作指引的通知》，鼓励、引导和规范上市公司投资者关系管理工作。

业绩说明会的召开，主要由深圳证券交易所、上海证券交易所规定。不同板块上市公司的业绩说明会的召开规定有所差异。

第一，深市主板上市公司自愿召开业绩说明会。2010 年 7 月 28 日，深圳交易所发布《深圳证券交易所主板上市公司规范运作指引》，鼓励深市主板上市公司召开业绩说明会。

第二，深市中小板上市公司强制召开业绩说明会。深圳证券交易所在 2004 年 5 月 21 日发布《中小企业板块上市公司特别规定》，要求深市中小板上市公司每年年度报告披露后举行业绩说明会，该项制度第一次明确要求深市中小板上市公司每年举行业绩说明会。深圳证券交易所在 2005 年 2 月 17 日发布《关于中小企业板块上市公司举行网上年度报告说明会的通知》，对业绩说明会的操作提出详细要求，包括召开时间（在年度报告披露后十个工作日内召开业绩说明会）、参与人员（董事长、总经理、至少一名独立董事、财务负责人、董事会秘书、保荐代表人）等。深圳证券交易所关于年报工作通知也作了类似的规定。2010 年 7 月 28 日，深圳证券交易所将业绩说明会的召开要求写入《深圳证券交易所中小企业板上市公司规范运作指引》。

第三，深市创业板上市公司强制要求召开业绩说明会。深圳证券交易所在 2009 年 6 月 4 日颁布《深圳证券交易所创业板股票上市规则》，要求创业板上市公司需要在年度报告披露后一个月内举行业绩说明会。随后的《深圳证券交易所创业板上市公司规范运作指引》修改了业绩说明会的举行时间要求，改为在年度报告披露后十个交易日内举行业绩说明会。

第四，沪市主板上市公司自愿召开业绩说明会，但是符合一定条件的上市公司必须召开业绩说明会。2012 年 6 月 18 日，上海证券交易所发布《关于进一步加强上市公司投资者关系管理工作的通知》，通知要求，当上市公司发生受市场关注的重大事项时，应当通过现场或网络方式召开说明会；当上市公司年度净利润较上一年度大幅度下降，或者具有分红能力但现金分红较低，且受到市场关注时，鼓励召开说明会。2013 年 3 月 29 日，上海证券交易所发布《关于推进上市公司召开投资者说明会工作的通知》，鼓励上市公司召开说明会；但是，当上市公司现金分红水平触及《上海证券交易所上市公司现金分红指引》的相关规定①时，应当召开业绩说明会或现金分红说明会。

随着上市公司业绩说明会活动的开展，各地方证监局定期组织召开集体业绩说明会②。集体业绩说明会的举行与否、时间、地点，取决于地方证监局的工作安排。集体业绩说明会的召开流程如下：地方证监局发布活动通知，召集辖区内上市公司的管理层，在活动现场集合，通过互联网与投资者沟通和交流。据作者检索，最早举行集体业绩说明会为 2008 年 7 月 8 日宁夏证监局举办的"宁夏上市公司集体网上投资者接待会"。

表 3 - 2 总结了业绩说明会制度的要求，表 3 - 3 列示了业绩说明会的相关制度。

表 3 - 2   业绩说明会制度要求

公司板块	自愿/强制	强制开始时间
深市主板	自愿	
深市中小板	强制	2004 年 5 月 21 日
深市创业板	强制	2009 年 6 月 4 日
沪市主板	自愿，但是符合一定条件时必须召开	2013 年 3 月 29 日

综上所述，上市公司举行业绩说明会具有一定的强制性。中小板和创业板上市公司在年度报告披露后，必须在投资者关系互动平台举行业绩说明会；深市主板上市公司自愿举行业绩说明会；沪市主板上市公司自愿召开业绩说明会，但是符合一定条件的上市公司必须召开业绩说明会。地方证监局定期组织召开集体业绩说明会，鼓励辖区内的上市公司积极参与。

————————————

① 相关规定包括《上海证券交易所上市公司现金分红指引》第八条、第十条和第十一条。第八条规定，上市公司无法按照既定的现金分红政策或最低现金分红比例分配当年利润；第十条规定，上市公司年度盈利且累计未分配利润为正，未现金分红，或分配利润低于当年净利润的 30%；第十一条规定，当上市公司存在第八条、第十条的情形，董事长、独立董事、总经理、财务负责人应当召开业绩说明会。

② 集体业绩说明会有多种称呼，例如地区集体接待会、集体网上投资者接待会，本书统一称为集体业绩说明会。

表 3 - 3　　　　　　　　　　　　　　　　业绩说明会相关制度

发文日期	发文机构	制度名称	相关内容
Panel A：深市主板的制度			
2010/7/28	深交所	《深圳证券交易所主板上市公司规范运作指引》	鼓励公司在定期报告结束后，召开业绩说明会
Panel B：深市中小板的制度			
2004/5/21	深交所	《中小企业板块上市公司特别规定》	中小板上市公司应当在年度报告披露后举行业绩说明会
2005/2/17	深交所	《关于中小企业板块上市公司举行网上年度报告说明会的通知》	对业绩说明会的操作提出详细要求
2005/12/28	深交所	《关于做好中小企业板上市公司 2005 年年度报告工作的通知》	中小板上市公司应当在年度报告披露后十个交易日内举行业绩说明会
2006/12/28	深交所	《关于做好中小企业板上市公司 2006 年年度报告工作的通知》	
2007/12/28	深交所	《关于做好中小企业板上市公司 2007 年年度报告工作的通知》	
2008/12/28	深交所	《关于做好中小企业板上市公司 2008 年年度报告工作的通知》	
2010/7/28	深交所	《深圳证券交易所中小企业板上市公司规范运作指引》	中小板上市公司应当在年度报告披露后十个交易日内举行业绩说明会
Panel C：深市创业板的制度			
2009/6/4	深交所	《深圳证券交易所创业板股票上市规则》	创业板上市公司应当在年度报告披露后一个月内举行业绩说明会
2009/10/15	深交所	《深圳证券交易所创业板上市公司规范运作指引》	创业板上市公司应当在年度报告披露后十个交易日内举行业绩说明会
2012/5/26	深交所	《深圳证券交易所创业板股票上市规则（2012 年修订）》	创业板上市公司应当在年度报告披露后十个交易日内举行业绩说明会
Panel D：沪市主板的制度			
2012/6/18	上交所	《关于进一步加强上市公司投资者关系管理工作的通知》	（1）当上市公司发生受市场关注的重大事项时，应当通过现场或网络方式召开说明会 （2）当上市公司年度净利润较上一年度大幅度下降，或者具有分红能力但现金分红较低，且受到市场关注时，鼓励召开说明会

续表

发文日期	发文机构	制度名称	相关内容
Panel D：沪市主板的制度			
2013/3/29	上交所	《关于推进上市公司召开投资者说明会工作的通知》	（1）鼓励公司召开说明会 （2）当上市公司现金分红水平触及《上海证券交易所上市公司现金分红指引》的相关规定时，应当召开业绩说明会或现金分红说明会

3.2.2　承载业绩说明会活动的网站

承载业绩说明会活动的网站主要有投资者关系互动平台①和上证路演中心②。

投资者关系互动平台的主办单位为深圳市全景网络有限公司，主要业务活动包括路演直播、投资者互动、企业形象。路演应用场景包括 IPO 路演、企业集体接待日、投融资/定增路演、券商和基金路演、业绩说明会、重大事项发布路演、股东大会视频直播、新品发布。互动场景包括日常互动、权威发布、互动活动。企业形象展示应用场景包括企业活动直播、高管直播、企业新闻发布、企业宣传片展示、企业产品展示及销售。

上证路演中心的主办单位为上证所信息网络有限公司，主要为各类路演主体提供现场和网络形式的路演服务，包括定制路演流程、提供视频直播和网络互动技术支持、现场会务安排和路演全程总控协调等。路演企业可通过网站全方位展示企业风采，让投资者在了解企业和新产品资讯的基础上，通过网络在线沟通的方式，直面证券发行人。

上市公司一般在其所属交易所指定的网站上举行业绩说明会，上海证券交易所为上证路演中心，深圳证券交易所为投资者关系互动平台。当地方证监局举办集体业绩说明会时，上市公司可能会跨越平台进行互动交流。例如，广东证监局在投资者关系互动平台上举行集体业绩说明，在沪市主板、深市主板、深市中小板、深市创业板上市的广东上市公司均在投资者关系互动平台参与该活动。

本书选择投资者关系互动平台作为数据源，主要原因有：第一，投资者关系互动平台成立时间最早，影响较为广泛；第二，相关制度较为成熟，中小板上市公司、创业板上市公司需要在年度报告后举行业绩说明会；第三，各地证监局主

---

① 网址：http://irm.p5w.net/gszz/。

② 网址：http://roadshow.sseinfo.com。

要使用该平台举行集体业绩说明会。

3.3　数据获得的技术路线

据笔者了解，目前商业的数据库中尚没有完整的业绩说明会数据①，本书研究的一个难点就是如何获得业绩说明会数据。本节利用 Python、Selenium、GeckoDriver 等软件爬取业绩说明会的文本记录。后文阐述数据获得的技术路线。

1. 获得路演活动列表

投资者关系互动平台为每个上市公司设置公司主页，网上路演活动在公司主页中列示。公司主页格式在 2017 年初改版，但是本书在数据搜集时仍然可以同时访问旧版公司主页和新版公司主页②。旧版公司主页的网上路演活动列表为 2004 年以来的活动，新版公司主页的网上路演活动列表为 2009 年以来的活动。为尽可能获得完整的路演活动数据，笔者分别爬取旧版公司主页和新版公司主页的网上路演活动列表。

笔者编写程序分别爬取旧版、新版公司主页的网上路演活动列表，获得数据包括股票代码、路演时间③、路演标题、路演链接。在获得基于旧版、新版公司主页的网上路演活动列表后，笔者以关键字段"路演链接"，剔除重复的网上路演活动。最终，本阶段获得 18,564 场网上路演活动列表，数据截止时间为 2017 年 7 月 31 日。

在技术依托上，程序开发平台为 PyCharm 2016.1.4，脚本程序为 Python 3.4.4，程序包为 Selenium 3.4.2 和 Firefox GeckoDriver 0.16.1。

2. 获得路演活动的互动记录

投资者关系互动平台经过多年发展，路演活动的网页格式发生多次改版。基于第一步获得的网上路演活动列表，笔者分析路演链接及网页格式，共有 6 种网页类型（见表 3 - 4）。其中，第 1 种网页类型自 2009 年开始使用，直到 2017 年，

---

① 虽然中国研究数据服务平台收录了投资者关系管理数据库，但投资者关系管理数据库的数据无法区分哪些记录属于哪场路演活动；中国研究数据服务平台收录了上市公司网上路演数据库，但上市公司网上路演数据库数据为上市公司 IPO 路演数据，不是业绩说明会数据。

② 例如，股票代码为 002001 的旧版公司主页链接为 http://irm.p5w.net/ssgs/S002001/，新版公司主页链接为 http://rs.p5w.net/c/002001.shtml。自 2017 年 9 月起，当访问旧版公司主页时，服务器会自动重新定向为新版公司主页。

③ 其中，旧版公司主页没有路演时间信息。

附录"投资者关系互动平台示例"的图 A – 3 和图 A – 4 列示了该类型网页例子；第 6 种网页类型自 2017 年开始使用，附录"投资者关系互动平台示例"的图 A – 5 列示了该类型网页例子。

表 3 – 4 网页类型

序号	网页类型	数量
1	http：//ircs. p5w. net/ircs/topicInteraction	12, 398
2	http：//roadshow. p5w. net	632
3	http：//roadshow2008. p5w. net	660
4	http：//newzspt. p5w. net	1, 623
5	http：//zsptbs. p5w. net	959
6	http：//rs. p5w. net	2, 292
合计		18, 564

具体步骤如下：第一，调用程序包 Selenium，下载所有路演活动网页。为避免服务器临时繁忙导致暂时无法下载网页，当程序没有获得网页数据时，笔者在一周后重新执行下载程序，以保证数据完整性，核实数据是否确实为无法下载。第二，调用程序包 BeautifulSoup 和正则表达式工具，解析网页，获得路演互动记录，包括提问信息（提问者名字、提问时间、提问内容）、回答信息（回答者名字、回答时间、回答内容)[①]，共获得提问信息 1, 840, 116 条，回答信息 1, 450, 935 条。

在技术依托上，程序开发平台为 PyCharm 2016.1.4，脚本程序为 Python 3.4.4，程序包为 Selenium 3.4.2、Firefox geckodriver 0.16.1、BeautifulSoup 4.6.0 和正则表达式工具。

3. 解析文字信息

本书的解析文字信息依托百度 AI 开放平台的自然语言处理技术。本书利用百度 AI 开放平台情感倾向性分析，获得投资者和管理层语调，主要原因有：

第一，传统语调词典分析法在类微博、微信语境中难以胜任。微博、微信具有鲜明的语言特征，大量运用缩写、谐音，词库更新速度较快，如使用"鸭梨"表示"压力"，"蓝瘦香菇"表示"难受想哭"等。业绩说明会是通过互联网平

---

① 部分类型的网页没有提问时间和回答时间；部分类型的网页没有回答者名字，而仅显示公司名字。

台进行，投资者和管理层的语言具有类似微博、微信的特征，传统的语调词典分析法难以胜任。

第二，传统文件分析方法主要使用语调词典进行分析，但是使用不同的语调词典，实证结果可能不相同。例如，艾玲和迪格利斯（Allee and Deangelis，2015）使用拉夫兰和麦克唐纳（2011）词典进行语调分析，发现盈余电话会议的语调与公司的当前业绩、未来业绩显著相关。戴维斯等（2015）发现，当使用亨利（2008）词典和拉夫兰和麦克唐纳（2011）词典进行语调分析时，管理层语调与未来业绩显著正相关；使用辞典进行语调分析时，管理层语调与未来业绩之间的关系不显著。这些问题在中文语调分析同样存在，使用不同的中文语调词典，实证结果可能不相同。更为重要的是，据笔者了解，目前尚没有文献检验中文语调词典的分析效果。

第三，简单使用语调词典可能会忽略修饰情感词语的否定词。例如，"不美丽"，通过中文分词，会获得两个词语"不"和"美丽"。若程序简单的计算积极语调词出现的次数，程序可能会记为出现一次积极语调，这显然是错误计数。谢德仁和林乐（2015）、林乐和谢德仁（2016、2017）既没有说明语调词典的来源，也没有说明如何处理否定词。

第四，百度 AI 开放平台的自然语言处理技术具有一定的可靠性和先进性。百度 AI 开放平台的自然语言处理依托于大数据、网页数据和用户行为数据，以及高性能集群（GPU、CPU 和 FPGA），形成基于深度神经网络（DNN）和概率图模型的语义计算引擎。文本输入到语义计算引擎，可以得到文本的语义表示，进而基于这个语义表示，进行语义层面的计算，包括语义匹配、语义检索、文本分类、序列生成等。

百度情感分析技术依托于评论大数据、深度学习、语义理解等基础技术，建立了一套完整情感分类与观点挖掘的核心技术，包括情感倾向性分析、情感的情绪分析，情感对象识别等。百度情感倾向性分析分别建立了句子级、实体级、篇章级多粒度完整的分析任务。通过基于双向长短时记忆（Bi - LSTM）地分类方法，系统更好地捕捉情感极性在前后文表达的信息，相对于传统的分析方法有很大的提升。

第五，使用百度 AI 开放平台可以使得分析结果可复制。亨利和里昂（2016）认为，简单的方法直观、容易实施和容易复制。由于贝叶斯程序通常有数百个，包含各种规则/过滤器来测量文本，其他研究人员面临着复制结果的挑战（Loughran and Mcdonald，2016）。但是，由于任何人都可以申请使用百度 AI 开放平台，本书的分析结果具备可复制性。

基于前述理由，本书的解析文字信息依托百度 AI 开放平台的自然语言处理技术，能够较好地获得投资者和管理层语调。具体解析文字信息的步骤如下：第一，申请百度 AI 开放平台的自然语言处理的 API 权限，利用 Python 调用 API 接口，提交待分析数据，获得分析结果，包括每条提问记录、回复记录的分词、语言情感倾向。第二，使用 Stata 统计结果，生成关键变量。

在技术依托上，程序开发平台为 PyCharm 2016.1.4，脚本程序为 Python 3.4.4，程序包 baidu-aip 2.0.0，统计软件 Stata 15.0。

图 3-1 列示了业绩说明会数据获得的技术路线，表 3-5 详细说明每个阶段的目标、输入、技术支持、输出和结果。

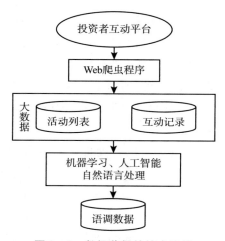

图 3-1　数据获得的技术路线

表 3-5　　　　　　　　　　数据获得的技术路线

阶段	目标	输入	技术支持	输出	结果
阶段 1	获得路演活动列表	公司列表 旧版公司主页 新版公司主页	PyCharm 2016.1.4 Python 3.4.4 Selenium 3.4.2 Firefox geckodriver 0.16.1	路演活动列表：股票代码、路演时间、路演标题、路演链接	路演活动 18,564 场
阶段 2	获得路演互动记录	路演活动列表	PyCharm 2016.1.4 Python 3.4.4 Selenium 3.4.2 Firefox geckodriver 0.16.1 BeautifulSoup 4.6.0 正则表达式 re	路演互动记录：提问信息（提问者名字、提问时间、提问内容）、回答信息（回答者名字、回答时间、回答内容）	提问信息 1,840,116 条 回答信息 1,450,935 条

续表

阶段	目标	输入	技术支持	输出	结果
阶段 3	解析文字信息	路演互动记录	PyCharm 2016. 1. 4 Python 3. 4. 4 baidu-aip 2. 0. 0 Stata 15. 0	文字分析结果：分词、语言情感倾向	文本分析的关键变量

3.4 业绩说明会现状分析

通过前文的数据获得技术路线，获得初选样本 18,564 场路演活动（见表 3 – 6）。本书剔除以下样本：第一，首次公开发行股票（IPO）、并购重组、发行公司债、股权分置改革、致歉会等路演活动，2,417 场；第二，无法下载互动记录的路演活动，20 场；第三，管理层回答记录数量为 0 的路演活动，80 场；第四，由于需要与财务数据匹配，剔除 2017 年的路演活动，2,140 场；第五，部分路演活动在年度报告披露之前举行①，231 场。最后获得实证分析样本 13,676 场，对应的提问记录 1,102,912 条，回答记录 882,674 条。

表 3 – 6　　　　　　　　　　　样本筛选过程　　　　　　　　　　单位：场

项目	数量	剩余数量
初选样本		18,564
减：IPO、增发、并购重组、发行公司债、股权分置改革、致歉会等路演活动	2,417	16,147
减：无法下载互动记录的路演活动	20	16,127
减：管理层回答记录数量为 0 的路演活动	80	16,047
减：2017 年的路演活动	2,140	13,907
减：路演活动在年度报告披露之前举行	231	13,676

表 3 – 7 列示了样本的时间、板块分布。随着上市公司规模的扩大，业绩说明会迅速发展，从最初的 2005 年 60 场次，到 2016 年 2,320 场次。由于深圳证券

———————————

① 业绩说明会在年度报告披露之前召开的原因可能有：第一，地方证监局召开集体业绩说明会，例如辽宁地区投资者关系互动平台开通仪式暨投资者网上集体接待，在 2011 年 1 月 6 日举行。第二，极少数上市公司定期举行投资者交流会，例如海王生物（股票代码 000078）。

交易所强制要求中小板和创业板上市公司召开业绩说明会，因此本书的中小板和创业板上市公司业绩说明会场数比较多，分别为 6,607 场次（占全样本48.31%）和 2,805 场次（占全样本 20.51%）。深市主板、沪市主板上市公司业绩说明会分别为 1,936 场次和 2,805 场次。

表 3 - 7　　　　　　　　　　　　　样本分布　　　　　　　　　　单位：场

年份	深主板	中小板	创业板	沪主板	合计
2005	10	40		10	60
2006	52	48		7	107
2007	53	151		15	219
2008	32	225		25	282
2009	160	318		149	627
2010	127	392	57	141	717
2011	178	668	212	191	1,249
2012	225	852	358	308	1,743
2013	311	987	523	387	2,208
2014	304	972	499	440	2,215
2015	213	922	517	277	1,929
2016	271	1,032	639	378	2,320
合计	1,936	6,607	2,805	2,328	13,676

表 3 - 8 列示了业绩说明会的互动记录概况。第一，在提问和回复数量上，每场业绩说明会提问条数平均为 79.17，中位数为 70；回复条数平均为 63.079，中位数为 58；回复率平均值为 0.841，中位数为 0.939。第二，在提问和回复文本长度方面，每场业绩说明会提问文本长度平均为 2,671 个字，中位数为 2,113个字；回复文本长度平均为 4,321 个字，中位数为 3,694 个。总体而言，回复与提问文本长度比为 1.951。

表 3 - 8　　　　　　　　　　　互动记录描述性统计

变量	平均数	中位数	Sd	P5	P95
提问数量	79.170	70.000	38.670	32.000	153.000
回复数量	63.078	58.000	28.363	24.000	117.000

续表

变量	平均数	中位数	Sd	P5	P95
回复比例	0.841	0.939	0.207	0.375	1.000
提问文本长度	2,671	2,113	1,818	926	6,343
回复文本长度	4,321	3,694	2,718	1,208	9,699
回复/提问文本长度比	1.951	1.651	1.253	0.529	4.429

人员参与情况：平均 4 人参加业绩说明会，董事长参与比率为 0.557，总经理参与比率为 0.609，财务总监参与比率为 0.784，而董事会秘书参与比率最高，达到 0.922。除此之外，还有独立董事、证券事务代表、保荐人代表参加业绩说明会。

业绩说明会召开时间点：大部分在 15：00 召开，样本数量为 9,155 个，占全样本的 66.94%；在 14：00 召开的样本有 2,282 个，占全样本 16.69%；在 14：30 召开的样本有 1,020 个，占全样本 7.46%。

业绩说明会召开时间长短：大部分召开时长为 2 个小时，样本数量为 9,992 个，占全样本的 73.06%；召开时长为 2.5 个小时的样本有 1,299 个，占全样本的 9.50%；召开时长为 3 个小时的样本有 1,138 个，占全样本的 8.32%。

3.5　本章小结

本章梳理了投资者关系管理制度、业绩说明会制度，阐述业绩说明会数据获得的技术路线，并对业绩说明会基本特征进行描述性统计，总体来说：

第一，投资者关系管理实践越来越受到重视，且呈现形式多样化。随着我国经济快速发展、资本市场日趋成熟，投资者关系管理越来越受到市场的重视。我国投资者关系管理实践呈现形式多样化，例如，上市公司接待投资者实地调研、加入"互动易"和"上证 e 互动"平台等。

第二，上市公司举行业绩说明会具有一定的强制性。中小板和创业板上市公司在年度报告披露后，必须在投资者关系互动平台举行业绩说明会；深市主板上市公司自愿举行业绩说明会；沪市主板上市公司自愿召开业绩说明会，但是符合一定条件的上市公司必须召开业绩说明会。地方证监局定期组织召开集体业绩说明会，鼓励辖区内的上市公司积极参与。基于业绩说明会的制度背景，本书能够较为完整的获得业绩说明会数据。

第三，本章阐述了业绩说明会数据获得的技术路线，并对业绩说明会基于特征进行了描述性统计。本书利用 Python、Selenium、Geckodriver 等软件爬取业绩说明会文本记录，获得原始样本 18,564 个，提问记录 1,840,116 条，回答记录 1,450,935 条。本书利用机器学习和人工智能的方法，依托百度 AI 开放平台的自然语言处理技术，获得投资者语调和管理层语调，为后文的实证分析奠定了数据基础。

第4章 业绩说明会与市场反应：
基于语调的视角

4.1 问题的提出

过去10年，业绩说明会取得快速发展，业绩说明会已经成为一项重要的自愿性信息披露途径和方式。国外与业绩说明会类似的制度安排为盈余电话会议。已有研究发现，盈余电话会议具有信息含量（Kimbrough，2005；Hollander et al.，2010；Kimbrough and Louis，2011；Matsumoto et al.，2011）。但是，这些研究盈余电话会议的语言背景基本为英语，研究结论是否能推广至其他语言背景值得商榷。并且，我国是高传播语境的社会，人们在交流和沟通时，用词隐晦、间接含蓄，强调心领神会、点到为止。在中文言语背景下，业绩说明会的市场反应仍然有待检验。

目前，仅有少数几篇文献从语调的角度分析业绩说明会的市场反应。林乐和谢德仁（2016）通过语调词典分析法提取管理层语调，实证分析管理层语调的市场反应。他们发现，管理层净积极语调与市场反应显著正相关。但是，他们的研究存在一些不足：第一，仅从管理层语调的角度考察业绩说明会的市场反应。在业绩说明会中，投资者和管理层是两个不可或缺的角色，仅分析管理层语调可能有所偏颇。本书从投资者和管理层及其互动的角度，研究业绩说明会的市场反应。第二，正如他们论文中所述，业绩说明会的文本信息相对口语化，基于语调词典构建的管理层语调可能不能有效衡量语调。本章利用百度AI开放平台的自然语言处理，获得投资者和管理层语调。百度AI开放平台的自然语言处理依托大数据、网页数据和用户行为数据，利用机器学习、人工智能等方法，能够更好地捕捉语调。

基于上述分析，本章从语调的角度，分析业绩说明会的市场反应。本章使用机器学习和人工智能方法，依托百度 AI 开放平台的自然语言处理技术，分析投资者和管理层语调（见图 4 - 1）。具体的，本章的研究问题包括：第一，投资者语调是否与股票收益显著相关（H4 - 1）；第二，管理层语调是否与股票收益显著相关（H4 - 2）；第三，业绩说明会互动是否与股票收益显著相关（H4 - 3）。本章进一步分析不同情境下业绩说明会的市场反应，包括经营业绩好坏、股利分配高低、机构投资者持股比例高低、会计信息质量高低。

本章的后续安排如下：4.2 节为理论分析和研究假设，4.3 节为研究设计，4.4 节为实证结果与分析，4.5 节为结论。

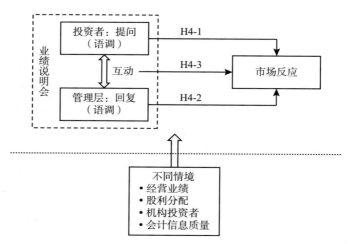

图 4 - 1　业绩说明会与市场反应

4.2　理论分析与研究假设

国外与业绩说明会类似的制度安排为盈余电话会议。盈余电话会议兴起于20 世纪八九十年代，相关研究相对成熟。学者从不同角度分析盈余电话会议的市场反应，如自愿举行盈余电话会议的信息含量（Frankel et al.，1999；Skinner，2003；Bushee et al.，2003；Kimbrough，2005），比较管理层展示和讨论两个阶段的市场反应（Matsumoto et al.，2011），比较盈余电话会议和盈余新闻稿的信息含量（Kimbrough and Louis，2011），非美国公司举行盈余电话会议的语言障碍（Brochet et al.，2016）。总体而言，这些研究发现，盈余电话会议是一个重要的自愿性信息披露途径和方式，具有信息含量。

部分学者从语调的角度，分析盈余电话会议中管理层语调的市场反应（Price et al.，2012；Brockman et al.，2015；Blau et al.，2015）。国内仅有少数几篇文献从语调的角度分析业绩说明会的市场反应（林乐和谢德仁，2016）。但是，他们仅从管理层语调的角度考察业绩说明会的市场反应。在业绩说明会中，投资者和管理层是两个不可或缺的角色，仅分析管理层语调可能有所偏颇。本书从投资者和管理层及其互动的角度，分析业绩说明会的市场反应。

业绩说明会通过网络举行，任何人都可以向管理层提问，提问内容涉及公司的方方面面。一般情况下，投资者的提问原因可以概括为两方面：过去的投资经历、未来业绩的预期。言语交际模型认为，投资者的发言受到其所处的环境、经历影响。在过去的投资经历上，当投资者在投资该公司股票获得收益（或公司经营业绩较好）时，投资者会肯定公司管理层的努力；当投资者在投资该公司股票承受损失（或公司经营业绩较差）时，投资者会质疑管理层的行为。在未来业绩的预期上，如果投资者看好公司未来业绩，信息需求表现为对正面信息的确认，投资者提问更多的正面信息；如果投资者不看好未来业绩，信息需求表现为对负面信息的确认。

当其他投资者观察到投资者的积极（消极）语调提问时，可能产生两方面的影响：第一，与投资者的情绪产生"共鸣"，向管理层提出类似的积极（消极）语调的问题，参与提问的投资者之间的情绪相互传染。言语的语调影响了信息被感知的过程，当对公司关注的投资者浏览业绩说明会信息时，也可能受到参与提问的投资者情绪影响。业绩说明会中的投资者情绪进一步影响了其他投资者及其投资决策。第二，根据投资者情绪理论（Barberis et al.，1998），投资者受到代表性启发偏差，对信息过度反应，采取行动买入（卖出）股票。

投资者情绪是股票价值的重要影响因素之一。投资者在进行投资决策时，常常受到情绪影响。投资者情绪影响了投资者对风险的评价，对价值的判断。当投资者情绪较好时，投资者对事物给予积极的评价，并采取积极的行动，买入股票；当投资者情绪较差时，投资者对事物给予消极的评价，并采取消极的行动，卖出股票。安特韦勒和弗兰克（Antweiler and Frank，2004）、达斯和陈（Das and Chen，2007）从雅虎（Yahoo）股票论坛帖子提取投资者情绪，发现投资者情绪显著影响股票收益。王美今和孙建军（2004）构建"央视看盘"指数衡量投资者情绪，发现投资者情绪显著影响股票收益。杨晓兰等（2016）、段江娇等（2017）分析东方财富网股吧的情感极性，发现正面（负面）的帖子在短期内正向（负向）影响股票收益。

　　综上分析，投资者的提问内容受到过去投资经历、未来业绩预期的影响。当其他投资者观察到投资者的积极（消极）语调提问时，可能产生两方面的影响：一是与投资者的情绪产生"共鸣"，不仅在参与提问的投资者之间的情绪相互传染，并且影响了其他投资者的情绪；二是投资者受到代表性启发偏差，采取行动买入（卖出）股票，投资者情绪对股票价格产生重要影响。因此，提出本章的假设 4 - 1。

　　假设 4 - 1：在其他条件不变的情况下，投资者语调与股票收益显著相关。投资者语调越积极（消极），市场反应越正向（负向）。

　　我国是高传播语境的社会，人们在交流和沟通时，用词隐晦、间接含蓄，强调心领神会、点到为止。人与人之间的沟通，需要理解字里行间背后的意义，即"听话听音，听锣听声"（王寅；2010）。一方面，管理层可能利用文字信息中的话外之音传递信息。言语交际模型认为，管理层通过言语传达其实际意图。塔斯克（1998）发现，当财务报告缺少信息含量时，公司越倾向于自愿举行电话会议。弗兰克尔等（1999）发现，公司管理层使用电话会议减少信息不对称。另一方面，在高传播语境成长的投资者，对言语信息较为重视，有动机和能力去解读这些文本信息。

　　由于言语表达更加微妙，具有独特的优势。与数字信息相比，在传达感觉或印象时更加有弹性，难以受到规范和法律限制，这使得文本信息披露比定量信息披露具有更大的自由酌情权。当定量信息披露受到限制时，管理层可能调整策略，利用文本信息传达自己的私有信息。并且，当盈余数字信息有噪音时，管理层的言语可以对盈余信息进行补充，调整投资者预期。梅尤等（2013）分析了电话会议中管理层口头披露的信息含量，发现管理层在电话会议中的口头信息披露与市场收益之间存在关系的证据。

　　在业绩说明会举行的过程中，管理层与投资者的互动会导致螺旋式的动态披露过程。当管理层语调偏向积极时，投资者可能进行深度挖掘，需要对这种积极语调更多、更详细、更确定的披露；当管理层语调偏向消极时，投资者在"用脚投票"之前，需要对消极信息进行再确认。因此，基于当前结果（如当期盈余、现金流量）、未来预期（如预期订单、准入批准、重组成功等）的私有信息可能对公司未来业绩有积极影响时，管理层更有可能展现积极的语调。当管理层掌握消极的私有信息时，如盈余不具有持续性、产品良品率较低、可能发生不利诉讼或订单被取消等，管理层往往会选择回避问题。但是，管理层在回答时不可能"颠倒是非"，而是将语调偏向消极。简言之，管理层的积极（消极）语调与管理层对公司盈余预期在一定程度上是一致的，管理层语调具有信息含量。研究发现，文本语调与股票收益显著相关（Feldman et al.，2010；Price et al.，2012；Brockman et al.，2015；林乐和谢德仁，2016）。

综上分析，我国是一个高传播语境的社会。一方面，管理层可能利用文字信息中的话外之音传递信息；另一方面，投资者有动机和能力去解读这些文本信息。由于言语表达更加微妙，当盈余数字信息有噪音时，管理层的言语可以对盈余信息进行补充，调整投资者预期。并且，在业绩说明会举行的过程中，管理层与投资者的互动会导致螺旋式的动态披露过程。管理层的积极（消极）语调与管理层对公司盈余预期在一定程度上是一致的。因此，提出本章的假设 4 - 2。

假设 4 - 2：在其他条件不变的情况下，管理层语调与股票收益显著相关。管理层语调越积极（消极），市场反应越正向（负向）。

投资者关系管理是上市公司通过信息披露和交流，加强上市公司与投资者之间的沟通，促进投资者对公司的了解和熟悉、实现公司价值最大化的一项战略管理行为（NIRI，2011；李心丹等，2006）。研究发现，投资者关系管理与公司价值显著相关，如提高股票收益（Peasnell et al.，2011；Vlittis and Charitou，2012）、增加股票流动性（Hong and Huang，2005）等。布希和米勒（Bushee and Miller，2012）发现，投资者关系管理的重点在于，公司管理层构建直接、畅通的沟通渠道，以吸引投资者和分析师。

一方面，业绩说明会是一种互动方式的投资者关系管理活动。管理层通过言语，改变投资者消极看法，积极引导投资者，是业绩说明会作用的重要体现。例如，当公司经营业绩比较差，或者股利分配比较低时，投资者可能在业绩说明会中质疑上市公司的经营和管理。管理层解释过去经营业绩比较差、股利分配比较低的原因（比如，经济危机、重大的投资项目需要资金），对公司经营现状和未来发展计划进行相对深入地沟通，积极引导投资者。管理层通过解释和展望未来，有助于促进良性沟通，增加投资者对上市公司的了解和熟悉，实现公司价值和股东财富最大化。

另一方面，业绩说明会通过互联网方式举行，社交媒体显著提高投资者信息获得和解读能力，有助于优化市场效率。丁慧等（2018）以"上证 e 互动"为背景，研究发现，社交媒体背景下投资者信息获取和解读能力的提高能够显著提高市场盈余预期准确性，产生盈余预期修正作用。谭松涛等（2016）考察类微博的信息披露对资本市场信息效率的影响，研究发现，在设立"互动易"之后，深市上市公司的股价非同步性提升幅度、分析师预测偏差降低幅度均比沪市上市公司大。

根据上述分析,提出本章的假设4-3。

假设4-3:在其他条件不变的情况下,业绩说明会互动有助于提高股票收益。

4.3　研　究　设　计

4.3.1　数据来源与样本选择

业绩说明会数据来源于投资者关系互动平台,利用 Python 爬取所有公司的业绩说明会文字数据,详细的数据搜集过程参见第3章3.3节"数据获得的技术路线"。本章的其他数据来自 CSMAR 数据库和 Wind 数据库。

本章研究样本为在投资者关系互动平台上召开业绩说明会的 A 股上市公司,样本期间为2004~2016年。依据第3章3.3节"数据获得的技术路线",获得初选样本18,564场路演活动,剔除首次公开发行股票、并购重组、发行公司债、股权分置改革、致歉会、无法下载互动记录等路演活动,获得业绩说明会13,676场。

本章对样本进行了如下处理:①剔除金融行业的样本;②剔除回归中变量值缺失的样本。经过样本筛选,本章最终得到11,904个研究样本。本书对连续变量在1%的水平上进行 Winsorize 处理。

4.3.2　变量定义与模型设定

1. 变量定义

(1) 投资者语调

本书计算投资者语调的过程如下:首先,使用 Python 调用百度 AI 开放平台的自然语言处理的情感倾向分析 API 接口,获得每一条投资者提问的情感极性分类结果,包括积极语调、中性语调和消极语调。其次,计算每场业绩说明会的提问数量($Record\_Num$)、积极语调的提问数量(Pos_Num)、消极语调的提问数量(Neg_Num)。最后,根据式(4-1)计算投资者语调(Ask_Tone)。

$$Ask\_Tone = (Pos\_Num - Neg\_Num)/Record\_Num \qquad (4-1)$$

投资者语调（*Ask_Tone*）的值越大，表明投资者语调越积极；该值越小，表明投资者语调越消极。当投资者语调（*Ask_Tone*）的值大于 0 时，表明投资者语调总体上表现为积极，当投资者语调（*Ask_Tone*）的值小于 0 时，表明投资者语调总体上表现为消极。

（2）管理层语调

本书计算管理层语调的过程如下：第一，使用 Python 调用百度 AI 开放平台的自然语言处理的情感倾向分析 API 接口，获得每一条管理层回复的情感极性分类结果，包括积极语调、中性语调和消极语调。第二，计算每场业绩说明会的回复数量（*Record_Num*）、积极语调的回复数量（*Pos_Num*）、消极语调的回复数量（*Neg_Num*）。第三，根据式（4 - 2）计算管理层语调（*Answer_Tone*）。

$$Answer\_Tone = (Pos\_Num - Neg\_Num)/Record\_Num \qquad (4-2)$$

管理层语调（*Answer_Tone*）的值越大，表明管理层语调越积极；该值越小，表明管理层语调越消极。当管理层语调（*Answer_Tone*）的值大于 0 时，表明管理层语调总体上表现为积极，当管理层语调（*Answer_Tone*）的值小于 0 时，表明管理层语调总体上表现为消极。

（3）业绩说明会互动

业绩说明会是一种互动方式的投资者关系管理活动。管理层通过言语，改变投资者消极看法，积极引导投资者，是业绩说明会作用的重要体现。例如，当公司经营业绩比较差，或者股利分配比较低时，投资者可能在业绩说明会中质疑上市公司的经营和管理。管理层解释过去经营业绩比较差、股利分配比较低的原因（比如，经济危机、重大的投资项目需要资金），对公司经营现状和未来发展计划进行相对深入地沟通，积极引导投资者。管理层通过解释和展望未来，有助于促进良性沟通，增加投资者对上市公司的了解和熟悉，实现公司价值和股东财富最大化。因此，本书认为，投资者消极语调的提问中，管理层积极回复的比例，能够较好地衡量业绩说明会互动的情况①。

本书计算业绩说明会互动情况的方法如下：第一，基于已经获得的投资者语调、管理层语调的情感极性分类，计算每场业绩说明会的投资者消极语调的提问数量（*Ask_Neg_Num*）。第二，计算每场业绩说明会中，投资者消极语调的提问得到管理层积极回复的数量（*Answer_Pos_Num*）。第三，根据式（4 - 3）计算业绩说明会互动情况（*Exchange*）。业绩说明会互动（*Exchange*）的值越大，表明

---

① 本书曾考虑使用管理层回复投资者提问的比例来衡量业绩说明会互动情况。但是由于管理层回复投资者提问比例的中位数为 0.939，该指标差异性较小，可能不能有效衡量业绩说明会互动情况。

管理层与投资者之间的互动情况较好。

$$Exchange = Answer\_Pos\_Num/Ask\_Neg\_Num \qquad (4-3)$$

（4）市场反应

本书使用 CAPM 模型计算股票的累计超额收益率。估计窗口为 [−150, −30]。本书分别计算短事件窗口 [1, 3]（Car1）、较长的事件窗口 [4, 20]（Car2）和 [1, 20]（Car3）。

2. 模型设定

（1）假设 4−1 的检验

本章构建下列模型检验假设 4−1：

$$Car = \alpha_0 + \alpha_1 Ask\_Tone + \alpha_2 Control\_Variables + \varepsilon \qquad (4-4)$$

因变量为市场反应，本书分别使用短事件窗口 [1, 3]（Car1）、较长的事件窗口 [4, 20]（Car2）和 [1, 20]（Car3）来衡量。

关键自变量为投资者语调（Ask_Tone）。该值越大，表示投资者语调越积极；该值越小，表示投资者语调越消极。依据本章的假设 4−1，预期投资者语调（Ask_Tone）变量的系数显著为正。

Control_Variables 为控制变量。本章控制了以下变量：公司规模（Size）、资产负债率（Lev）、总资产收益率（Roa）、销售收入增长率（Grow）、ST 情况（ST）、未预期盈余（Sue）、贝塔系数（Beta）、市值账面比（Mb）、最终控制人性质（Soe）、第一大股东持股比例（Top1）、股权制衡（Balance）、董事会规模（BoardSize）、独立董事比例（IndDir）、行业虚拟变量（Industry）、年度虚拟变量（Year）。模型使用 OLS 回归方法。为了消除可能存在的异方差问题，在回归分析中使用 Robust 进行了调整。变量定义见表 4−1。

表 4−1　　　　　　　　　　　　主要变量定义

变量	定义
Car1	累计超额收益率，采用 CAPM 模型计算，事件窗口为 [1, 3]
Car2	累计超额收益率，采用 CAPM 模型计算，事件窗口为 [4, 20]
Car3	累计超额收益率，采用 CAPM 模型计算，事件窗口为 [1, 20]
Ask_Tone	投资者语调，等于（积极语调提问的数量−消极语调提问的数量）/总提问数量
Answer_Tone	管理层语调，等于（积极语调回复的数量−消极语调回复的数量）/总回复数量

续表

变量	定义
Exchange	业绩说明会互动，等于投资者消极语调的提问中，管理层积极回复的比例
Size	总资产规模，等于总资产的自然对数
Lev	资产负债率，等于总负债除以总资产
Roa	总资产收益率，等于净利润除以总资产
Grow	销售收入增长率，等于（当年营业收入 − 上年营业收入）/上年营业收入
ST	ST 虚拟变量，如果上市公司被 ST 或 *ST，则为 1，否则为 0
Sue	未预期盈余，等于第 t 年的每股收益减去第 $t-1$ 年的每股收益
Beta	贝塔系数
Mb	市值账面比，等于股票市场价值除以账面价值
Soe	最终控制人性质，如果公司实际控制人为国有企业，取值为 1，否则为 0
*Top*1	第一大股东持股比例，等于上市公司第一大股东的持股比例
Balance	股权制衡，等于第二至第十大股东持股比例之和除以第一大股东持股比例
BoardSize	董事会规模，等于董事会人数
IndDir	独立董事比例，等于独立董事人数除以董事会人数
Industry	行业虚拟变量，如果样本属于某一行业则为 1，否则为 0。行业的划分标准参考证监会的 2012 年行业分类标准。其中，制造业取二级行业分类，其他行业取一级行业分类
Year	年度虚拟变量，如果样本属于某一年度则为 1，否则为 0

（2）假设 4 - 2 的检验

本章构建下列模型检验假设 4 - 2：

$$Car = \alpha_0 + \alpha_1 Answer\_Tone + \alpha_2 Control\_Variables + \varepsilon \qquad (4-5)$$

因变量为市场反应，本书分别使用短事件窗口 ［1，3］（*Car*1）、较长的事件窗口 ［4，20］（*Car*2）和 ［1，20］（*Car*3）来衡量。

关键自变量为管理层语调（*Answer_Tone*）。该值越大，表示管理层语调越积极；该值越小，表示管理层语调越消极。依据本章的假设 4 - 2，预期管理层语调（*Answer_Tone*）变量的系数显著为正。

Control_Variables 为控制变量，控制变量与模型（4 - 4）相同。模型使用

OLS 回归方法。为了消除可能存在的异方差问题，在回归分析中使用 Robust 进行了调整。变量定义见表 4 - 1。

（3）假设 4 - 3 的检验

本章构建下列模型检验假设 4 - 3：

$$Car = \alpha_0 + \alpha_1 Exchange + \alpha_2 Control\_Variables + \varepsilon \qquad (4-6)$$

因变量为市场反应，本书分别使用短事件窗口［1，3］（Car1）、较长的事件窗口［4，20］（Car2）和［1，20］（Car3）来衡量。

关键自变量为业绩说明会互动（Exchange）。该值越大，表明管理层与投资者之间的互动情况较好。依据本章的假设 4 - 3，预期业绩说明会互动（Exchange）变量的系数显著为正。

Control_Variables 为控制变量，控制变量与模型（4 - 4）相同。模型使用 OLS 回归方法。为了消除可能存在的异方差问题，在回归分析中使用 Robust 进行了调整。变量定义见表 4 - 1。

4.4　实证结果与分析

4.4.1　描述性统计

表 4 - 2 列示了主要变量的描述性统计。投资者语调（Ask_Tone）的均值为 - 0.618，中位数为 - 0.633，数值小于 0，表明投资者的提问总体上呈现消极或负面。管理层语调（Answer_Tone）的均值为 0.653，中位数为 0.703，数值大于 0，表明管理层的回复总体上呈现积极或正面。业绩说明会互动（Exchange）的均值为 0.767，中位数为 0.795。

表 4 - 2　　　　　　　　　　主要变量描述性统计

变量	平均值	中位数	标准差	最小值	最大值
Car1	0.006	- 0.002	0.067	- 0.193	0.299
Car2	0.003	- 0.008	0.124	- 0.499	0.470
Car3	0.010	- 0.007	0.155	- 0.585	0.693
Ask_Tone	- 0.618	- 0.633	0.146	- 0.890	- 0.200

续表

变量	平均值	中位数	标准差	最小值	最大值
Answer_Tone	0.653	0.703	0.234	0.000	1.000
Exchange	0.767	0.795	0.149	0.370	1.000
Size	21.654	21.479	1.147	19.290	25.264
Lev	0.408	0.393	0.217	0.035	0.941
Roa	0.041	0.039	0.055	−0.185	0.211
Grow	0.192	0.124	0.429	−0.532	2.823
ST	0.038	0.000	0.192	0.000	1.000
Sue	−0.069	−0.037	0.373	−1.500	1.336
Beta	1.154	1.155	0.251	0.463	1.769
Mb	4.553	3.078	5.068	0.671	36.115
Soe	0.316	0.000	0.465	0.000	1.000
Top1	0.351	0.333	0.148	0.093	0.753
Balance	0.906	0.706	0.764	0.040	3.881
BoardSize	8.687	9.000	1.641	5.000	14.000
IndDir	0.373	0.333	0.052	0.333	0.571

　　市场反应（$Car1$）的均值为 0.006，总资产规模（$Size$）的均值为 21.654，资产负债率（Lev）的均值为 0.408，总资产收益率（Roa）的均值为 0.041，销售收入增长率（$Grow$）的均值为 0.192，未预期盈余（Sue）的均值为 −0.069、贝塔系数（$Beta$）的均值为 1.154、市值账面比（Mb）的均值为 4.553，第一大股东持股比例（$Top1$）的均值为 0.351，股权制衡（$Balance$）的均值为 0.906，董事会规模（$BoardSize$）的均值为 8.687，独立董事比例（$IndDir$）的均值为 0.373，国有控股上市公司比例为 0.316。

　　本章对主要变量进行相关系数检验，如表 4 - 3。统计结果显示，投资者语调（Ask_Tone）、管理层语调（$Answer\_Tone$）、业绩说明会互动（$Exchange$）分别与市场反应（$Car1$）显著相关，初步支持本章的研究假设。

表 4 - 3　相关系数

序号	变量	1	2	3	4	5	6	7	8	9	10	11	12	13	14	15	16	17
1	Car1		0.027^a	0.024^a	0.024^a	-0.020^b	-0.018^b	-0.017^b	-0.012	0.011	-0.019^b	-0.021^b	-0.022^b	-0.018^b	0.003	-0.001	-0.022^b	0.009
2	Ask_Tone	0.039^a		0.211^a	0.172^a	-0.079^a	-0.174^a	0.157^a	0.106^a	-0.112^a	0.004	0.083^a	0.174^a	-0.220^a	-0.011	0.119^a	-0.071^a	0.014
3	Answer_Tone	0.038^a	0.225^a		0.956^a	-0.067^a	-0.183^a	0.128^a	0.077^a	-0.094^a	0.004	0.112^a	0.152^a	-0.238^a	-0.007	0.113^a	-0.113^a	0.019^b
4	Exchange	0.036^a	0.181^a	0.957^a		-0.062^a	-0.174^a	0.119^a	0.070^a	-0.093^a	0.005	0.107^a	0.139^a	-0.229^a	-0.007	0.108^a	-0.109^a	0.018^b
5	Size	-0.053^a	-0.075^a	-0.069^a	-0.067^a		0.485^a	-0.079^a	0.040^a	-0.115^a	0.060^a	-0.087^a	-0.333^a	0.319^a	0.164^a	-0.211^a	0.277^a	-0.012
6	Lev	-0.024^a	-0.174^a	-0.200^a	-0.189^a	0.461^a		-0.439^a	-0.008	0.189^a	0.082^a	-0.139^a	-0.114^a	0.312^a	0.025^a	-0.212^a	0.187^a	-0.025^a
7	Roa	-0.025^a	0.145^a	0.141^a	0.130^a	-0.006	-0.410^a		0.348^a	-0.124^a	0.227^a	-0.029^a	0.195^a	-0.153^a	0.083^a	0.134^a	0.004	-0.027^a
8	Grow	-0.012	0.066^a	0.045^a	0.037^a	0.048^a	0.038^a	0.237^a		-0.058^a	0.288^a	-0.011	0.133^a	-0.084^a	0.011	0.095^a	0.006	-0.009
9	ST	0.032^a	-0.106^a	-0.119^a	-0.115^a	-0.117^a	0.228^a	-0.149^a	0.055^a		0.084^a	-0.193^a	0.081^a	0.077^a	-0.074^a	-0.012	-0.027^a	-0.003
10	Sue	0.002	0.008	0.011	0.009	0.013	0.036^a	0.343^a	0.251^a	0.109^a		-0.130^a	0.085^a	0.081^a	-0.012	-0.029^a	0.038^a	-0.006
11	Beta	-0.003	0.080^a	0.103^a	0.101^a	-0.100^a	-0.152^a	-0.033^a	-0.005	-0.212^a	-0.114^a		0.126^a	-0.099^a	-0.059^a	0.051^a	-0.088^a	0.006
12	Mb	-0.001	0.093^a	0.054^a	0.047^a	-0.271^a	0.024^a	0.006	0.071^a	0.177^a	0.044^a	0.048^a		-0.204^a	-0.086^a	0.121^a	-0.180^a	0.055^a
13	Soe	-0.035^a	-0.212^a	-0.247^a	-0.238^a	0.346^a	0.313^a	-0.121^a	-0.051^a	0.077^a	0.050^a	-0.105^a	-0.114^a		0.155^a	-0.285^a	0.288^a	-0.068^a
14	Top1	-0.007	-0.021^b	-0.004	-0.006	0.210^a	0.023^b	0.095^a	0.022^b	-0.067^a	-0.018^b	-0.064^a	-0.101^a	0.165^a		-0.753^a	-0.013	0.043^a
15	Balance	0.000	0.097^a	0.112^a	0.110^a	-0.155^a	-0.187^a	0.094^a	0.068^a	-0.019^b	-0.006	0.042^a	0.058^a	-0.236^a	-0.694^a		-0.020^b	-0.063^a
16	BoardSize	-0.043^a	-0.076^a	-0.115^a	-0.113^a	0.312^a	0.194^a	0.016^b	-0.008	-0.029^a	0.025^a	-0.082^a	-0.132^a	0.304^a	0.002	0.001		-0.483^a
17	IndDir	0.022^b	0.010	0.028^a	0.027^a	-0.016^b	-0.029^a	-0.032^a	-0.007	-0.008	-0.016^b	0.012	0.076^a	-0.079^a	0.054^a	-0.056^a	-0.446^a	

注：左下三角为 Pearson 相关系数，右上三角为 Spearman 相关系数。a，b，c 分别表示 1%、5%、10% 统计水平显著。由于表格的限制，在此表格中没有列示变量 Car2 和 Car3。

4.4.2　实证结果分析

1. 投资者语调与市场反应

表 4 - 4 列示了投资者语调与市场反应的实证结果。投资者语调（Ask_Tone）的系数分别为 0.013、0.036 和 0.048，均在 1% 的水平上显著为正。实证结果表明，无论在短事件窗口 [1，3]（$Car1$），还是在较长的事件窗口 [4，20]（$Car2$）和 [1，20]（$Car3$）中，投资者语调与股票收益显著相关，投资者语调越积极（消极），市场反应越正向（负向），支持本章的假设 4 - 1。

表 4 - 4　　　　　　　　投资者语调与市场反应

变量	(1)	(2)	(3)
	$Car1$	$Car2$	$Car3$
Ask_Tone	0.013 *** (2.926)	0.036 *** (4.221)	0.048 *** (4.570)
$Size$	-0.005 *** (-5.368)	-0.005 *** (-3.454)	-0.011 *** (-5.624)
Lev	-0.000 (-0.090)	0.008 (0.960)	0.014 (1.326)
Roa	-0.019 (-1.052)	-0.004 (-0.126)	-0.022 (-0.579)
$Grow$	0.000 (0.267)	0.002 (0.610)	0.004 (1.036)
ST	0.012 *** (2.686)	-0.003 (-0.405)	0.021 ** (2.019)
Sue	0.000 (0.145)	-0.004 (-0.996)	-0.005 (-1.084)
$Beta$	-0.003 (-0.793)	0.004 (0.707)	0.001 (0.133)
Mb	-0.000 ** (-2.256)	-0.001 *** (-3.900)	-0.002 *** (-4.238)
Soe	-0.000 (-0.044)	-0.003 (-0.912)	-0.002 (-0.570)

变量	(1)	(2)	(3)
	Car1	Car2	Car3
Top1	0.006 (0.901)	0.010 (0.869)	0.018 (1.311)
Balance	−0.000 (−0.030)	0.002 (0.776)	0.002 (0.840)
BoardSize	−0.000 (−0.255)	0.000 (0.336)	0.000 (0.177)
IndDir	0.019 (1.388)	0.030 (1.228)	0.037 (1.209)
Constant	0.121 *** (5.137)	0.118 *** (2.939)	0.263 *** (5.278)
Industry	Control	Control	Control
Year	Control	Control	Control
样本量	11,904	11,904	11,904
调整后的 R^2	0.029	0.027	0.042

注：*** 、** 、* 分别表示 1% 、5% 、10% 统计水平显著。

2. 管理层语调与市场反应

表4-5列示了管理层语调与市场反应的实证结果。在较短的事件窗口 [1, 3] (Car1) 中，管理层语调 (Answer_Tone) 的系数为 0.003，虽然不显著，但其符号依然为正。在较长的事件窗口 [4, 20] (Car2) 和 [1, 20] (Car3) 中，管理层语调 (Answer_Tone) 的系数分别为 0.010 和 0.014，均在 5% 的水平上显著为正。

表4-5 管理层语调与市场反应

变量	(1)	(2)	(3)
	Car1	Car2	Car3
Answer_Tone	0.003 (1.168)	0.010 ** (1.971)	0.014 ** (2.142)
Size	−0.004 *** (−5.307)	−0.005 *** (−3.359)	−0.011 *** (−5.518)

续表

变量	(1) Car1	(2) Car2	(3) Car3
Lev	-0.001 (-0.193)	0.007 (0.804)	0.012 (1.160)
Roa	-0.017 (-0.961)	0.000 (0.003)	-0.017 (-0.445)
Grow	0.001 (0.341)	0.002 (0.711)	0.005 (1.142)
ST	0.012*** (2.607)	-0.004 (-0.522)	0.020* (1.911)
Sue	0.000 (0.105)	-0.004 (-1.057)	-0.005 (-1.147)
Beta	-0.003 (-0.807)	0.004 (0.686)	0.001 (0.112)
Mb	-0.000** (-2.166)	-0.001*** (-3.758)	-0.002*** (-4.093)
Soe	-0.000 (-0.270)	-0.003 (-1.206)	-0.003 (-0.892)
Top1	0.006 (0.893)	0.009 (0.835)	0.018 (1.270)
Balance	-0.000 (-0.013)	0.002 (0.772)	0.002 (0.834)
BoardSize	-0.000 (-0.238)	0.000 (0.364)	0.000 (0.207)
IndDir	0.018 (1.362)	0.029 (1.191)	0.036 (1.169)
Constant	0.111*** (4.717)	0.090** (2.237)	0.225*** (4.512)
Industry	Control	Control	Control
Year	Control	Control	Control
样本量	11,904	11,904	11,904
调整后的 R^2	0.028	0.026	0.040

注：***、**、*分别表示1%、5%、10%统计水平显著。

　　实证结果表明，在短事件窗口，市场对管理层的语调没有作出显著的正向反应，但是在较长事件窗口，市场对管理层的语调作出显著的正向反应。这个实证结果与林乐和谢德仁（2016）的实证结果类似。他们发现，随着窗口的变长，市场对管理层的语调做出更为显著的正向反应。总体而言，管理层语调与股票收益显著相关，管理层语调越积极（消极），市场反应越正向（负向），支持本章的假设4－2。

3. 业绩说明会互动与市场反应

　　表4－6列示了业绩说明会互动与市场反应的实证结果。在较短的事件窗口[1，3]（$Car1$）中，业绩说明会互动（$Exchange$）的系数为0.004，虽然不显著，但其符号依然为正。在较长的事件窗口[4，20]（$Car2$）和[1，20]（$Car3$）中，业绩说明会互动（$Exchange$）的系数分别为0.014和0.018，均在10%的水平上显著为正。实证结果表明，业绩说明会互动与市场反应显著正相关，业绩说明会互动有助于提高股票收益，支持本章的假设4－3。

表4－6　　　　　　　　　　　　业绩说明会互动与市场反应

变量	(1)	(2)	(3)
	$Car1$	$Car2$	$Car3$
$Exchange$	0.004 (0.828)	0.014 * (1.719)	0.018 * (1.798)
$Size$	− 0.004 *** (− 5.311)	− 0.005 *** (− 3.358)	− 0.011 *** (− 5.518)
Lev	− 0.001 (− 0.203)	0.007 (0.788)	0.012 (1.142)
Roa	− 0.017 (− 0.939)	0.001 (0.027)	− 0.016 (− 0.416)
$Grow$	0.001 (0.353)	0.002 (0.727)	0.005 (1.158)
ST	0.012 *** (2.594)	− 0.004 (− 0.534)	0.019 * (1.896)
Sue	0.000 (0.103)	− 0.004 (− 1.061)	− 0.005 (− 1.151)

续表

变量	（1）	（2）	（3）
	Car1	Car2	Car3
Beta	− 0. 003 （− 0. 808）	0. 004 （0. 683）	0. 001 （0. 109）
Mb	− 0. 000 ** （− 2. 173）	− 0. 001 *** （− 3. 760）	− 0. 002 *** （− 4. 098）
Soe	− 0. 000 （− 0. 315）	− 0. 004 （− 1. 248）	− 0. 003 （− 0. 946）
Top1	0. 006 （0. 924）	0. 010 （0. 862）	0. 019 （1. 305）
Balance	0. 000 （0. 016）	0. 002 （0. 794）	0. 002 （0. 863）
BoardSize	− 0. 000 （− 0. 239）	0. 000 （0. 365）	0. 000 （0. 208）
IndDir	0. 018 （1. 360）	0. 029 （1. 189）	0. 035 （1. 166）
Constant	0. 110 *** （4. 652）	0. 086 ** （2. 119）	0. 220 *** （4. 374）
Industry	Control	Control	Control
Year	Control	Control	Control
样本量	11, 904	11, 904	11, 904
调整后的 R^2	0. 028	0. 026	0. 040

注：***、**、* 分别表示1%、5%、10%统计水平显著。

4.4.3　进一步分析[①]

1. 按总资产收益率分组

本章按照上市公司总资产收益率（ROA）的中位数分为 ROA 较低组和 ROA 较高组，考察不同 ROA 情况下，业绩说明会的市场反应是否存在差异。由于该

　　[①]　由于篇幅限制，本章后文只汇报事件窗口［1，20］（Car3）的实证结果。事件窗口［1，3］（Car1）和事件窗口［2，20］（Car2）的实证结果基本保持不变。

检验按照总资产收益率进行分组，因此在进行该实证分析时，不控制总资产收益率因素。表 4 - 7 的实证结果显示，在 ROA 较低组中，管理层语调（$Answer\_Tone$）、业绩说明会互动（$Exchange$）的系数显著为正；而在 ROA 较高组中，管理层语调（$Answer\_Tone$）、业绩说明会互动（$Exchange$）的系数不显著。这表明，当上市公司业绩较差时，管理层通过业绩说明会交流，促进投资者对上市公司的了解，市场给予正向的反应。在经营业绩比较差的时候，业绩说明会发挥着改善投资者关系的作用。

表 4 - 7　　　　　　　　　　　按总资产收益率分组

变量	ROA 较低组			ROA 较高组		
	（1）	（2）	（3）	（4）	（5）	（6）
	Car3	Car3	Car3	Car3	Car3	Car3
Ask_Tone	0.071 *** (4.278)			0.027 ** (2.038)		
$Answer\_Tone$		0.021 ** (2.182)			0.006 (0.631)	
$Exchange$			0.028 * (1.934)			0.006 (0.456)
$Size$	-0.012 *** (-4.212)	-0.012 *** (-4.179)	-0.012 *** (-4.167)	-0.011 *** (-4.305)	-0.011 *** (-4.234)	-0.011 *** (-4.238)
Lev	0.014 (0.958)	0.012 (0.801)	0.011 (0.789)	0.008 (0.529)	0.006 (0.423)	0.006 (0.412)
$Grow$	0.004 (0.673)	0.005 (0.803)	0.005 (0.819)	0.003 (0.534)	0.003 (0.574)	0.003 (0.581)
ST	0.018 (1.496)	0.017 (1.451)	0.017 (1.438)	0.043 ** (2.105)	0.040 ** (2.010)	0.040 ** (2.004)
Sue	-0.012 * (-1.908)	-0.012 * (-1.960)	-0.012 * (-1.947)	0.003 (0.463)	0.003 (0.467)	0.003 (0.464)
$Beta$	0.022 ** (2.006)	0.023 ** (2.087)	0.023 ** (2.093)	-0.017 * (-1.677)	-0.018 * (-1.730)	-0.018 * (-1.736)

续表

变量	ROA 较低组			ROA 较高组		
	（1）	（2）	（3）	（4）	（5）	（6）
	Car3	Car3	Car3	Car3	Car3	Car3
Mb	-0.002^{***}	-0.002^{***}	-0.002^{***}	-0.002^{**}	-0.002^{**}	-0.002^{**}
	（-3.383）	（-3.275）	（-3.276）	（-2.287）	（-2.220）	（-2.220）
Soe	0.000	-0.002	-0.002	-0.002	-0.003	-0.003
	（0.021）	（-0.303）	（-0.345）	（-0.485）	（-0.651）	（-0.674）
Top1	0.018	0.019	0.019	0.017	0.016	0.017
	（0.857）	（0.886）	（0.930）	（0.881）	（0.856）	（0.864）
Balance	0.005	0.006	0.006	-0.001	-0.001	-0.001
	（1.347）	（1.403）	（1.442）	（-0.171）	（-0.192）	（-0.186）
BoardSize	-0.001	-0.001	-0.001	0.002	0.002	0.002
	（-0.749）	（-0.678）	（-0.685）	（1.448）	（1.442）	（1.444）
IndDir	0.016	0.016	0.016	0.058	0.057	0.057
	（0.360）	（0.369）	（0.372）	（1.396）	（1.368）	（1.368）
Constant	0.301^{***}	0.249^{***}	0.240^{***}	0.242^{***}	0.220^{***}	0.220^{***}
	（4.165）	（3.434）	（3.266）	（3.486）	（3.181）	（3.139）
Industry	Control	Control	Control	Control	Control	Control
Year	Control	Control	Control	Control	Control	Control
样本量	5,953	5,953	5,953	5,951	5,951	5,951
调整后的 R^2	0.034	0.032	0.032	0.057	0.056	0.056

注：***、**、* 分别表示 1%、5%、10% 统计水平显著。

2. 按股利分配率分组

本章按照上市公司股利分配率（每股派息除以每股利润）的中位数分为股利分配率较低组和股利分配率较高组，考察不同股利分配率情况下，业绩说明会的市场反应是否存在差异。表 4-8 的实证结果显示，在股利分配率较低组中，管理层语调（Answer_Tone）、业绩说明会互动（Exchange）的系数显著为正；而在股利分配率较高组中，管理层语调（Answer_Tone）、业绩说明会互动（Exchange）的系数不显著。这表明，当上市公司股利分配率较低时，管理层通过业绩说明会交流，促进投资者对上市公司的了解，市场给予正向的反应。在股利分配率比较低的时候，业绩说明会发挥着改善投资者关系的作用。

表4-8 按股利分配率分组

变量	股利分配率较低组			股利分配率较高组		
	（1）	（2）	（3）	（4）	（5）	（6）
	Car3	Car3	Car3	Car3	Car3	Car3
Ask_Tone	0.051 *** (3.205)			0.043 *** (3.144)		
Answer_Tone		0.022 ** (2.441)			0.001 (0.098)	
Exchange			0.029 ** (2.055)			0.001 (0.051)
Size	-0.012 *** (-4.222)	-0.012 *** (-4.161)	-0.012 *** (-4.148)	-0.011 *** (-3.903)	-0.011 *** (-3.895)	-0.011 *** (-3.899)
Lev	0.024 (1.533)	0.023 (1.461)	0.022 (1.449)	0.001 (0.078)	-0.001 (-0.057)	-0.001 (-0.058)
Roa	0.001 (0.025)	0.001 (0.022)	0.003 (0.063)	-0.148 ** (-2.409)	-0.136 ** (-2.209)	-0.136 ** (-2.208)
Grow	0.004 (0.777)	0.005 (0.855)	0.005 (0.865)	0.006 (0.854)	0.007 (0.952)	0.007 (0.954)
ST	0.023 ** (2.154)	0.022 ** (2.082)	0.022 ** (2.065)	0.027 (0.922)	0.029 (1.013)	0.029 (1.011)
Sue	-0.005 (-0.828)	-0.006 (-0.882)	-0.006 (-0.893)	-0.006 (-0.888)	-0.005 (-0.845)	-0.005 (-0.844)
Beta	0.021 * (1.893)	0.021 * (1.937)	0.021 * (1.926)	-0.023 ** (-2.172)	-0.024 ** (-2.241)	-0.024 ** (-2.241)
Mb	-0.002 *** (-3.437)	-0.002 *** (-3.302)	-0.002 *** (-3.306)	-0.002 ** (-2.071)	-0.002 ** (-1.996)	-0.002 ** (-1.996)
Soe	0.002 (0.504)	0.002 (0.391)	0.002 (0.336)	-0.008 * (-1.659)	-0.010 ** (-2.016)	-0.010 ** (-2.027)
Top1	0.014 (0.669)	0.013 (0.608)	0.014 (0.652)	0.010 (0.490)	0.010 (0.500)	0.010 (0.505)

续表

变量	股利分配率较低组			股利分配率较高组		
	（1）	（2）	（3）	（4）	（5）	（6）
	$Car3$	$Car3$	$Car3$	$Car3$	$Car3$	$Car3$
$Balance$	0.003 (0.668)	0.003 (0.645)	0.003 (0.684)	0.000 (0.113)	0.001 (0.145)	0.001 (0.149)
$BoardSize$	−0.000 (−0.145)	−0.000 (−0.099)	−0.000 (−0.096)	0.000 (0.212)	0.000 (0.208)	0.000 (0.208)
$IndDir$	0.022 (0.507)	0.024 (0.539)	0.024 (0.544)	0.046 (1.091)	0.043 (1.019)	0.043 (1.018)
$Constant$	0.257*** (3.730)	0.210*** (3.063)	0.201*** (2.906)	0.286*** (4.002)	0.265*** (3.672)	0.265*** (3.633)
$Industry$	Control	Control	Control	Control	Control	Control
$Year$	Control	Control	Control	Control	Control	Control
样本量	5,952	5,952	5,952	5,952	5,952	5,952
调整后的 R^2	0.037	0.036	0.036	0.050	0.049	0.049

注：***、**、* 分别表示1%、5%、10%统计水平显著。

3. 按机构投资者持股比例分组

机构投资者作为重要的外部股东，有能力和动机监督管理层行为，促进公司提高信息质量（Burns et al.，2010；Ramalingegowda and Yu，2012）。借鉴孙等（Sun et al.，2012），本书使用机构投资者持股比例来衡量公司信息不对称程度，当机构投资者持股比例较低时，公司的信息不对称程度相对较高。

本章按照机构投资者持股比例的中位数分为机构投资者持股比例较低组和机构投资者持股比例较高组，考察不同机构投资者持股比例情况下，业绩说明会的市场反应是否存在差异。表4-9的实证结果显示，在机构投资者持股比例较低组中，管理层语调（$Answer\_Tone$）、业绩说明会互动（$Exchange$）的系数显著为正；而在机构投资者持股比例较高组中，管理层语调（$Answer\_Tone$）、业绩说明会互动（$Exchange$）的系数不显著。这表明，当机构投资者持股比例较低时，管理层通过业绩说明会交流，促进投资者对上市公司的了解，市场给予正向的反应。在机构投资者持股比例比较低的时候，业绩说明会发挥着改善投资者关系的作用。

表 4 - 9 按机构投资者持股比例分组

变量	机构投资者持股比例较低组			机构投资者持股比例较高组		
	(1)	(2)	(3)	(4)	(5)	(6)
	Car3	Car3	Car3	Car3	Car3	Car3
Ask_Tone	0.061 *** (3.917)			0.035 ** (2.478)		
Answer_Tone		0.022 ** (2.290)			0.006 (0.719)	
Exchange			0.029 ** (1.981)			0.007 (0.500)
Size	-0.017 *** (-5.948)	-0.017 *** (-5.893)	-0.017 *** (-5.888)	-0.005 * (-1.941)	-0.005 * (-1.901)	-0.005 * (-1.906)
Lev	0.025 (1.644)	0.022 (1.491)	0.022 (1.485)	0.003 (0.206)	0.002 (0.117)	0.002 (0.104)
Roa	-0.087 (-1.557)	-0.086 (-1.541)	-0.084 (-1.494)	0.055 (0.974)	0.061 (1.080)	0.062 (1.086)
Grow	0.001 (0.174)	0.001 (0.227)	0.001 (0.238)	0.010 * (1.671)	0.010 * (1.760)	0.010 * (1.768)
ST	0.034 *** (2.671)	0.034 *** (2.615)	0.033 *** (2.600)	-0.021 (-1.348)	-0.023 (-1.456)	-0.023 (-1.462)
Sue	0.001 (0.194)	0.001 (0.127)	0.001 (0.119)	-0.011 * (-1.827)	-0.011 * (-1.835)	-0.011 * (-1.835)
Beta	0.006 (0.533)	0.006 (0.509)	0.006 (0.513)	0.002 (0.189)	0.002 (0.201)	0.002 (0.198)
Mb	-0.003 *** (-3.768)	-0.002 *** (-3.588)	-0.002 *** (-3.593)	-0.002 ** (-2.559)	-0.002 ** (-2.524)	-0.002 ** (-2.525)
Soe	0.004 (0.789)	0.004 (0.702)	0.004 (0.643)	-0.006 (-1.266)	-0.007 (-1.591)	-0.007 (-1.612)
Top1	0.027 (1.323)	0.027 (1.308)	0.028 (1.358)	0.011 (0.562)	0.011 (0.545)	0.011 (0.559)
Balance	0.005 (1.228)	0.005 (1.199)	0.005 (1.241)	0.001 (0.302)	0.001 (0.297)	0.001 (0.306)
BoardSize	-0.001 (-0.489)	-0.001 (-0.453)	-0.001 (-0.466)	0.001 (0.540)	0.001 (0.551)	0.001 (0.554)

续表

变量	机构投资者持股比例较低组			机构投资者持股比例较高组		
	（1）	（2）	（3）	（4）	（5）	（6）
	Car3	Car3	Car3	Car3	Car3	Car3
IndDir	0.034 （0.779）	0.035 （0.799）	0.035 （0.799）	0.033 （0.789）	0.031 （0.735）	0.031 （0.734）
Constant	0.385*** （5.263）	0.334*** （4.570）	0.326*** （4.403）	0.174** （2.452）	0.151** （2.116）	0.149** （2.085）
Industry	Control	Control	Control	Control	Control	Control
Year	Control	Control	Control	Control	Control	Control
样本量	5,954	5,954	5,954	5,950	5,950	5,950
调整后的 R^2	0.049	0.047	0.047	0.037	0.036	0.036

注：***、**、* 分别表示1%、5%、10%统计水平显著。

4. 按会计信息质量分组

本章按照会计信息质量的中位数分为会计信息质量较差组和会计信息质量较好组，考察不同会计信息质量情况下，业绩说明会的市场反应是否存在差异。本书借鉴科塔里等（Kothari et al.，2005）的方法，计算的可操纵应计利润绝对值，衡量会计信息质量。表4－10 的实证结果显示，在会计信息质量较差组中，管理层语调（Answer_Tone）、业绩说明会互动（Exchange）的系数显著为正；而在会计信息质量较好组中，管理层语调（Answer_Tone）、业绩说明会互动（Exchange）的系数不显著。这表明，当会计信息质量较差时，管理层通过业绩说明会交流，促进投资者对上市公司的了解，市场给予正向的反应。在会计信息质量较差的时候，业绩说明会发挥着改善投资者关系的作用。

表 4－10　　　　　　　　　　　按会计信息质量分组

变量	会计信息质量较差组			会计信息质量较好组		
	（1）	（2）	（3）	（4）	（5）	（6）
	Car3	Car3	Car3	Car3	Car3	Car3
Ask_Tone	0.044*** （2.992）			0.057*** （3.800）		
Answer_Tone		0.026*** （2.879）			0.001 （0.141）	

续表

变量	会计信息质量较差组			会计信息质量较好组		
	（1）	（2）	（3）	（4）	（5）	（6）
	Car3	Car3	Car3	Car3	Car3	Car3
Exchange			0.038*** （2.711）			−0.003 （−0.185）
Size	−0.010*** （−3.561）	−0.010*** （−3.572）	−0.010*** （−3.566）	−0.013*** （−4.661）	−0.012*** （−4.519）	−0.013*** （−4.533）
Lev	0.005 （0.354）	0.005 （0.351）	0.005 （0.339）	0.022 （1.427）	0.018 （1.185）	0.018 （1.182）
Roa	0.004 （0.060）	0.010 （0.167）	0.012 （0.189）	−0.039 （−0.755）	−0.031 （−0.597）	−0.030 （−0.575）
Grow	−0.008 （−1.318）	−0.007 （−1.260）	−0.007 （−1.239）	0.019*** （2.851）	0.019*** （2.910）	0.019*** （2.915）
ST	0.009 （0.568）	0.008 （0.537）	0.008 （0.532）	0.026* （1.870）	0.025* （1.762）	0.025* （1.751）
Sue	0.006 （0.949）	0.006 （0.911）	0.005 （0.885）	−0.016** （−2.282）	−0.016** （−2.273）	−0.016** （−2.271）
Beta	−0.003 （−0.316）	−0.003 （−0.269）	−0.003 （−0.273）	0.008 （0.723）	0.008 （0.692）	0.008 （0.696）
Mb	−0.001** （−2.103）	−0.001** （−2.048）	−0.001** （−2.044）	−0.003*** （−4.139）	−0.003*** （−3.990）	−0.003*** （−4.002）
Soe	−0.000 （−0.043）	−0.001 （−0.104）	−0.001 （−0.137）	−0.005 （−0.916）	−0.007 （−1.349）	−0.007 （−1.390）
Top1	0.009 （0.436）	0.006 （0.291）	0.006 （0.308）	0.025 （1.231）	0.028 （1.363）	0.028 （1.397）
Balance	0.002 （0.541）	0.002 （0.412）	0.002 （0.426）	0.002 （0.610）	0.003 （0.761）	0.003 （0.792）
BoardSize	−0.001 （−0.485）	−0.001 （−0.434）	−0.001 （−0.430）	0.001 （0.892）	0.001 （0.924）	0.001 （0.927）
IndDir	0.048 （1.053）	0.045 （1.003）	0.045 （1.007）	0.020 （0.488）	0.020 （0.487）	0.020 （0.484）
Constant	0.277*** （3.708）	0.240*** （3.223）	0.228*** （3.029）	0.272*** （4.067）	0.229*** （3.426）	0.232*** （3.431）

续表

变量	会计信息质量较差组			会计信息质量较好组		
	（1）	（2）	（3）	（4）	（5）	（6）
	Car3	Car3	Car3	Car3	Car3	Car3
Industry	Control	Control	Control	Control	Control	Control
Year	Control	Control	Control	Control	Control	Control
样本量	5,952	5,952	5,952	5,952	5,952	5,952
调整后的 R^2	0.041	0.040	0.040	0.044	0.041	0.041

注：*** 、** 、* 分别表示1%、5%、10%统计水平显著。

4.4.4　稳健性检验

1. 区分投资者积极和消极语调

在主回归分析中，投资者语调为净语调，等于（积极语调提问的数量 – 消极语调提问的数量)/总提问数量。本章将投资者语调划分为积极语调和消极语调，分析不同情感极性下，投资者语调的市场反应。投资者积极语调（Ask_Pos）等于积极语调提问的数量除以总提问数量，该值越大，表明投资者语调越积极；投资者消极语调（Ask_Neg）等于消极语调提问的数量除以总提问数量，该值越大，表明投资者语调越消极。

实证结果如表4 – 11所示。第（1）列为投资者积极语调的市场反应，投资者积极语调（Ask_Pos）变量的系数显著为正，表明投资者语调越积极，市场给予正向反应。第（2）列为投资者消极语调的市场反应，投资者消极语调（Ask_Neg）变量的系数显著为负，表明投资者语调越消极，市场给予负向反应。

表 4 – 11　　　　　　　　　　区分投资者积极和消极语调

变量	（1）	（2）
	Car3	Car3
Ask_Pos	0.109 *** （5.090）	
Ask_Neg		– 0.069 *** （– 3.691）
Size	– 0.011 *** （– 5.660）	– 0.011 *** （– 5.589）

续表

变量	(1)	(2)
	Car3	Car3
Lev	0.015 (1.395)	0.013 (1.243)
Roa	−0.024 (−0.625)	−0.019 (−0.497)
Grow	0.004 (1.010)	0.005 (1.082)
ST	0.021** (2.020)	0.020** (1.981)
Sue	−0.005 (−1.049)	−0.005 (−1.120)
Beta	0.001 (0.118)	0.001 (0.139)
Mb	−0.002*** (−4.246)	−0.002*** (−4.215)
Soe	−0.002 (−0.442)	−0.003 (−0.771)
Top1	0.018 (1.294)	0.019 (1.357)
Balance	0.002 (0.813)	0.002 (0.893)
BoardSize	0.000 (0.152)	0.000 (0.195)
IndDir	0.037 (1.206)	0.037 (1.202)
Constant	0.218*** (4.401)	0.285*** (5.587)
Industry	Control	Control
Year	Control	Control
样本量	11,904	11,904
调整后的 R^2	0.042	0.041

注：***、**、*分别表示1%、5%、10%统计水平显著。

2. 区分管理层积极和消极语调

在主回归分析中，管理层语调为净语调，等于（积极语调回复的数量 - 消极语调回复的数量)/总回复数量。本章将管理层语调划分为积极语调和消极语调，分析不同情感极性下，管理层语调的市场反应。管理层积极语调（Answer_Pos）等于积极语调回复的数量除以总回复数量，该值越大，表明管理层语调越积极；管理层消极语调（Answer_Neg）等于消极语调回复的数量除以总回复数量，该值越大，表明管理层语调越消极。

实证结果如表 4 - 12 所示。第（1）列为管理层积极语调的市场反应，管理层积极语调（Ask_Pos）变量的系数显著为正，表明管理层语调越积极，市场给予正向反应。第（2）列为管理层消极语调的市场反应，管理层消极语调（Ask_Neg）变量的系数虽然不显著，但是其符号依然为负。

表 4 - 12　　　　　　　　　　区分管理层积极和消极语调

变量	(1)	(2)
	Car3	Car3
Answer_Pos	0. 027 ** (2. 508)	
Answer_Neg		- 0. 019 (- 1. 288)
Size	- 0. 011 *** (- 5. 517)	- 0. 011 *** (- 5. 536)
Lev	0. 013 (1. 169)	0. 012 (1. 144)
Roa	- 0. 018 (- 0. 465)	- 0. 015 (- 0. 388)
Grow	0. 005 (1. 132)	0. 005 (1. 163)
ST	0. 020 * (1. 931)	0. 019 * (1. 867)
Sue	- 0. 005 (- 1. 135)	- 0. 005 (- 1. 157)

续表

变量	(1)	(2)
	Car3	*Car3*
Beta	0.001 (0.108)	0.001 (0.113)
Mb	−0.002 *** (−4.080)	−0.002 *** (−4.122)
Soe	−0.003 (−0.831)	−0.004 (−1.024)
*Top*1	0.017 (1.225)	0.019 (1.373)
Balance	0.002 (0.783)	0.003 (0.933)
BoardSize	0.000 (0.215)	0.000 (0.195)
IndDir	0.036 (1.171)	0.035 (1.162)
Constant	0.212 *** (4.195)	0.237 *** (4.776)
Industry	Control	Control
Year	Control	Control
样本量	11,904	11,904
调整后的 R^2	0.040	0.040

注：***、**、*分别表示1%、5%、10%统计水平显著。

3. 考虑会计准则的影响

财政部于 2006 年出台新会计准则，并在 2007 年开始实施。新会计准则的实施可能对信息质量产生影响。本章考虑会计准则的影响，剔除 2007 年以前的样本，重新进行实证分析，实证结果如表 4 – 13 所示。投资者语调（*Ask_Tone*）、管理层语调（*Answer_Tone*）、业绩说明会互动（*Exchange*）的系数均显著为正，稳健性检验支持本章的研究结论。

表 4 - 13 考虑会计准则的影响

变量	(1) Car3	(2) Car3	(3) Car3
Ask_Tone	0.047 *** (4.469)		
Answer_Tone		0.014 ** (2.205)	
Exchange			0.019 * (1.912)
Size	-0.011 *** (-5.749)	-0.011 *** (-5.652)	-0.011 *** (-5.651)
Lev	0.016 (1.476)	0.014 (1.316)	0.014 (1.301)
Roa	-0.019 (-0.474)	-0.014 (-0.347)	-0.013 (-0.323)
Grow	0.004 (0.966)	0.005 (1.070)	0.005 (1.086)
ST	0.021 ** (2.031)	0.020 * (1.930)	0.020 * (1.916)
Sue	-0.005 (-1.076)	-0.005 (-1.136)	-0.005 (-1.141)
Beta	0.003 (0.398)	0.003 (0.381)	0.003 (0.379)
Mb	-0.002 *** (-4.299)	-0.002 *** (-4.156)	-0.002 *** (-4.160)
Soe	-0.002 (-0.580)	-0.003 (-0.884)	-0.003 (-0.933)
Top1	0.020 (1.437)	0.020 (1.395)	0.020 (1.424)
Balance	0.003 (1.020)	0.003 (1.009)	0.003 (1.034)

续表

变量	(1)	(2)	(3)
	Car3	Car3	Car3
BoardSize	0.000 (0.128)	0.000 (0.154)	0.000 (0.155)
IndDir	0.038 (1.249)	0.037 (1.200)	0.037 (1.199)
Constant	0.206*** (4.477)	0.168*** (3.646)	0.162*** (3.487)
Industry	Control	Control	Control
Year	Control	Control	Control
样本量	11,789	11,789	11,789
调整后的 R^2	0.042	0.040	0.040

注：***、**、* 分别表示1%、5%、10%统计水平显著。

4. 使用年内第一次召开业绩说明会样本

部分上市公司在同一年内举行两次或以上业绩说明会，本书仅保留年内第一次召开业绩说明会的样本，然后重新进行实证分析。实证结果如表4-14所示。投资者语调（Ask_Tone）、管理层语调（Answer_Tone）、业绩说明会互动（Exchange）的系数均显著为正，稳健性检验支持本章的研究结论。

表4-14　　　　　　　　使用年内第一次召开业绩说明会样本

变量	(1)	(2)	(3)
	Car3	Car3	Car3
Ask_Tone	0.042*** (3.557)		
Answer_Tone		0.018** (2.482)	
Exchange			0.027** (2.369)
Size	-0.011*** (-5.249)	-0.011*** (-5.237)	-0.011*** (-5.232)

续表

变量	（1）	（2）	（3）
	Car3	Car3	Car3
Lev	0.016	0.014	0.014
	（1.314）	（1.162）	（1.150）
Roa	− 0.040	− 0.037	− 0.036
	（− 0.942）	（− 0.872）	（− 0.854）
Grow	0.005	0.006	0.006
	（1.155）	（1.265）	（1.275）
ST	0.025 **	0.024 **	0.024 **
	（2.318）	（2.223）	（2.218）
Sue	− 0.004	− 0.005	− 0.005
	（− 0.876）	（− 0.955）	（− 0.962）
Beta	0.005	0.005	0.005
	（0.576）	（0.582）	（0.578）
Mb	− 0.002 ***	− 0.002 ***	− 0.002 ***
	（− 4.130）	（− 4.010）	（− 4.008）
Soe	− 0.005	− 0.006	− 0.006
	（− 1.351）	（− 1.560）	（− 1.594）
Top1	0.017	0.016	0.016
	（1.079）	（1.030）	（1.041）
Balance	0.001	0.001	0.001
	（0.366）	（0.356）	（0.358）
BoardSize	− 0.000	− 0.000	− 0.000
	（− 0.234）	（− 0.185）	（− 0.170）
IndDir	0.047	0.046	0.046
	（1.419）	（1.370）	（1.372）
Constant	0.288 ***	0.257 ***	0.247 ***
	（5.021）	（4.461）	（4.248）
Industry	Control	Control	Control
Year	Control	Control	Control
样本量	9,764	9,764	9,764
调整后的 R^2	0.056	0.055	0.055

注：***、**、*分别表示1%、5%、10%统计水平显著。

此外，本章还做了如下稳健性检验，实证结果基本保持不变：

①选择其他事件窗口，如 [1，30]、[1，40]、[1，50] 等事件窗口。

②按照主板、中小板、创业板上市公司，分别进行回归分析。

③控制业绩说明会的提问数量。

④控制业绩说明会的举行时间，包括业绩说明会举行日与年度报告披露日之间的天数，业绩说明会举行日与当年资产负债表日之间的天数。

4.5　本 章 小 结

本章从语调的角度，探讨业绩说明会与市场反应的关系。研究发现：第一，投资者语调与股票收益显著相关，投资者语调越积极（消极），市场反应越正向（负向）。第二，管理层语调与股票收益显著相关，管理层语调越积极（消极），市场反应越正向（负向）。第三，业绩说明会互动有助于提高股票收益。

进一步研究发现，当企业总资产收益率较低、股利分配率较少、机构投资者持股比例较低、会计信息质量较差时，管理层通过业绩说明会交流，促进投资者对上市公司的了解，市场给予正向的反应。这些分组检验的结果表明，当公司绩效较差（总资产收益率较低、股利分配率较少）、信息不对称较严重（机构投资者持股比例较低、会计信息质量较差）时，业绩说明会发挥着改善投资者关系的作用，实现公司价值和股东财富最大化。

本章还做了系列稳健性检验，包括区分投资者积极和消极语调、区分管理层积极和消极语调、考虑会计准则的影响、使用年内第一次召开业绩说明会样本等，研究结论基本保持不变。

本章的研究具有一定的意义：

第一，本章从投资者和管理层及其互动的角度，分析业绩说明会的市场反应，丰富了业绩说明会的研究。当前关于盈余电话会议、业绩说明会市场反应的研究，主要从管理层的角度进行分析（Price et al.，2012；Doran et al.，2012；Blau et al.，2015；林乐和谢德仁，2016）。在业绩说明会中，投资者和管理层是两个不可或缺的角色，仅分析管理层语调可能有所偏颇。本章从投资者和管理层及其互动的角度，丰富了业绩说明会的研究。

第二，本章考察不同情境下，业绩说明会语调的市场反应，证实了业绩说明会的沟通作用。投资者关系管理的本质在于加强上市公司与投资者之间的沟通，促进投资者对上市公司的了解和认同，建立稳定的投资者基础。本章研究发现，当公司绩效较差（总资产收益率较低、股利分配率较少）、信息不对称较严重（机构投资者持股比例较低、会计信息质量较差）时，管理层通过业绩说明会交流，促进了投资者对上市公司的了解，减少信息不对称，市场给予正向的反应。

第5章 业绩说明会与媒体传播：基于语调的视角

5.1 问题的提出

基于互联网的业绩说明会，投资者可以便捷地参与。网络中每个人既是信息的接收者也是信息的传播者。随着信息的扩散，其传播速度会以几何级数上升。网民在网络的各类信息平台中传递、交流和分享信息，包括自己的态度、观点和看法。业绩说明会通过网络传播，可以迅速形成有效的规模效应。现有文献研究了盈余电话会议、业绩说明会的经济后果，如市场反应（Kimbrough，2005；Hollander et al.，2010；Kimbrough and Louis，2011；Matsumoto et al.，2011；林乐和谢德仁，2016）、分析师预测和跟踪（Bowen et al.，2002；Mayew，2008；Mayew et al.，2013；Soltes，2014；Solomon and Soltes，2015；林乐和谢德仁，2017），但是鲜见从信息传播的角度，分析业绩说明会有效性的作用机制。

随着信息化不断推进、互联网的快速发展，媒体成为资本市场中重要的角色之一。媒体作为收集舆论、信息发布的主体，通过制造信息、传播信息，扮演着"意见领袖"的角色（严晓宁，2008）。媒体有助于加快信息传播，减少信息摩擦（Bushee et al.，2010），影响投资者的感知和情绪（Fang and Peress，2009）。网络新闻、股票贴吧是重要的网络媒体。在互联网时代背景下，相比纸质新闻媒体，网络新闻媒体具有高时效性、灵活性。随着门户网站的网络新闻带动，门户网站相关的股票贴吧也相当活跃。本章将从语调的角度，分析业绩说明会信息是否通过不同类型媒体（网络新闻、股票贴吧①）进行传播。

另外，现有研究发现，新闻具有显著的市场反应（Tetlock，2007，2011；

---

① 本章以我国股票市场上用户访问量最大、最具影响力的股票网络论坛——东方财富股吧为对象。

Fang and Peress，2009；游家兴和吴静，2012；于忠泊等，2012）、股票贴吧具有信息含量（Das and Chen，2007；Zhang and Swanson，2010；杨晓兰等，2016；段江娇等，2017）。第 4 章理论分析和实证研究发现，业绩说明会语调与股票收益显著相关。那么，媒体作为信息传递的中介，是否在业绩说明会的市场反应中起着中介效应，本章将进行实证检验。

　　基于上述分析，本章从语调的角度，分析业绩说明会信息是否通过不同类型媒体（网络新闻、股票贴吧）进行传播。如图 5 - 1 所示，具体的，本章的研究问题包括：第一，业绩说明会语调是否与网络新闻舆论显著相关（H5 - 1）；第二，业绩说明会语调是否与股票贴吧舆论显著相关（H5 - 2）；第三，媒体传播（网络新闻、股票贴吧）在业绩说明会的市场反应中是否起着中介作用（H5 - 3）。本章进一步分析在不同情境下，业绩说明会与媒体传播之间的关系，包括经营业绩好坏、股利分配高低、机构投资者持股比例高低、会计信息质量高低。

　　本章的后续安排如下：5.2 节为理论分析与研究假设，5.3 节为研究设计，5.4 节为实证结果与分析，5.5 节为结论。

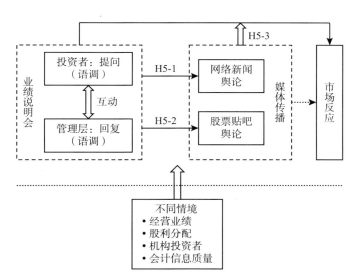

图 5 - 1　业绩说明会与媒体传播

5.2　理论分析与研究假设

随着信息化不断推进，互联网的快速发展，媒体成为资本市场中重要的角色之一。媒体被认为是新兴市场和转型经济下，替代法律保护不足的一项制度安排（Dyck et al.，2008），因而逐渐成为管理学与金融学研究的热点话题。现有关于媒体的研究，主要分为两大研究方向：第一个研究方向为媒体关注对资产定价的影响（Fang and Peress，2009；Tetlock，2007，2011；Chen et al.，2013；游家兴和吴静，2012；于忠泊等，2012；熊艳等，2014；权小锋等，2015）。该方向的研究内容包括：市场对媒体报道的股价反应和交易活跃程度；媒体报道作为信息中介，加快信息传播的作用；媒体报道影响投资者情感和认知。第二个研究方向为媒体在公司治理的作用（Dyck et al.，2008；Liu and McConnell，2013；Luo et al.，2013；Qi et al.，2014；Nguyen，2015；Dai et al.，2015；李培功和沈艺峰，2010，2013；权小锋和吴世农，2010，2012；徐莉萍等，2011；杨德明和赵璨，2012；杨道广等，2017）。研究表明，媒体的治理作用通过传统监督机制、声誉机制和市场压力机制，影响公司管理层决策。

　　我国媒体建立之初，媒体主要为政治服务。资本市场建立的初衷是为国有企业改革贡献力量，上市公司多为国有控股公司。在当时体制下的媒体，其创办者、监管者都有政府背景，媒体难以保持其独立性，较难发挥应有的社会功能。随着我国经济发展，经济体制全面深化改革，媒体功能发生了巨大转变，媒体的社会属性逐渐展现出来（Kim et al.，2016）。

　　随着互联网和大数据的快速发展，各种门户网站、社交网络逐渐替代传统的新闻媒体，网络媒体成为公众发表意见的一种表现形式，交换信息的作用和功能日益增强。网络已成为市场中不可忽视的力量，网络日益普及、网民数量迅速增加、网页内容持续更新。网络为人们提供了丰富的新闻信息，为信息搜寻者提供了各取所需、畅所欲言的平台。每天上网浏览新闻已经成为许多人的习惯，网络新闻成为人们及时了解时事的重要方式和渠道。与通过实质性载体进行传播的传统媒体相比，通过互联网传播的网络媒体的传输成本更低，速度更快，具有高时效性。本章从网络新闻的需求、供给两个角度，分析业绩说明会语调与网络新闻之间的关系。

　　从网络新闻需求角度来看，投资者的需求在网络新闻生产过程中扮演着重要角色（Miller，2006；Dyck et al.，2008）。一方面，投资者需要真实可靠、有价值的信息。但是投资者不具备搜集、整理和分析信息的时间和能力，拥有专业素质的媒体能够弥补该缺陷。另一方面，投资者需要有娱乐性的信息。以某种形式为读者提供娱乐是新闻媒体的功能之一。戴克等（Dyck et al.，2008）认为，带有情绪的报道更有娱乐价值，吸引投资者注意。媒体整理和分析业绩说明会的投资者提问和管理层回复，为投资者提供真实可靠的信息；并且，媒体更倾向于选择报道业绩说明会中带有情绪的内容，如投资者的批评和赞扬，管理层的消极和积极回复。

从网络新闻供给角度来看，网络新闻的供给者为网络新闻媒体记者。一方面，具有新闻专业主义精神的记者，基于客观、公正、准确、真实的态度进行报道，将上市公司的真实情况完整的展现在投资者面前。另一方面，媒体不仅是信息的传递中介，也是人文主义的倡导者。在西方，媒体被认为是捍卫公共利益的守护者（Fengler and Stephen，2008）。媒体需要在经济利益与社会效应之间平衡，履行社会责任，真实报道上市公司信息。媒体以公平的视角，对业绩说明会进行跟踪，通过信息挖掘和信息传播，努力将业绩说明会的信息公平、完整地展现给投资者。

综上分析，网络媒体成为公众发表意见的一种表现形式，交换信息的作用和功能日益增强。一方面，投资者需要真实可靠、有价值的信息；带有情绪的报道更有娱乐价值，吸引投资者注意。另一方面，媒体作为照射社会真实的一面镜子，基于客观、公正、准确、真实的态度进行报道，将上市公司的真实情况完整的展现在投资者前面。业绩说明会作为重要的一个自愿信息披露源，网络媒体通过信息挖掘和信息传播，将信息在市场中扩散。因此，提出本章的假设 5 - 1。

假设 5 - 1：在其他条件不变的情况下，业绩说明会语调与网络新闻舆论显著相关。

假设 5 - 1a：在其他条件不变的情况下，投资者语调与网络新闻舆论显著相关。投资者语调越积极（消极），网络新闻舆论越正面（负面）。

假设 5 - 1b：在其他条件不变的情况下，管理层语调与网络新闻舆论显著相关。管理层语调越积极（消极），网络新闻舆论越正面（负面）。

假设 5 - 1c：在其他条件不变的情况下，业绩说明会互动促进了正面的网络新闻舆论。

贴吧是网络信息传播的重要场所之一。图 5 - 2 展示了贴吧网络社交模型。贴吧网络社交由贴吧用户、传播途径、贴吧信息传播环境、外部信息构成。典型的信息传播过程如下：第一，用户对外部信息（投资者关系互动平台、微博、微信、QQ、门户网站等）进行搜集、整理和分析，通过发帖传播信息。第二，用户阅读贴吧，基于自己的理解，形成自己的认知。这些认知就是有效的传播内容。第三，用户在担任信息传播者的同时，也担任信息接收者。信息接收者与信息传播者进行互动和反馈，比如讨论、提问、分享信息等，通过发帖和回帖的方式进行二次传播。第四，贴吧用户不断转换信息传播者、信息接收者的角色，使得信息传播过程延续下去。第五，贴吧是网络平台之一，贴吧用户既可以在贴吧中进行交流，也可以在其他平台中同时传播信息，其他平台的用户也可以将信息转发到贴吧，使得各个平台信息互通有无，信息同步或及时更新，信息在各个网络平台中共享。

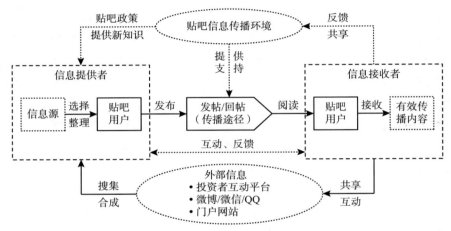

图 5 - 2　贴吧网络社交模型

资料来源：本图源自崔晓利. 贴吧社区信息传播与互动模式研究［D］. 上海：华东师范大学，2010，本章在其基础上做部分修改。

贴吧具有的特点如下：第一，人人都同时是信息传播者和信息接收者，贴吧用户通过发帖和回帖行为，同时进行着信息获取和信息传播。第二，在互动过程中，由于相同观点聚集，可能会发生"雪球效应"。贴吧基于特定关键词创建，贴吧用户根据其兴趣在同一主题中聚集，容易形成密切交流，持有相同观点的贴吧用户自动聚集于同一主题中进行讨论。

综上分析，股票贴吧基于每个股票创建板块，持有该股票的投资者，或者对该股票有兴趣的投资者，聚集在同一股票板块密切交流。由于相同观点聚集，形成"雪球效应"。当投资者在投资者关系互动平台中观察到投资者积极（消极）语调时，其可能会在股票贴吧中分享信息、评论观点，和其他贴吧用户进行互动。由于相同观点聚集，可能发生"雪球效应"，贴吧的正面（负面）帖子数量越来越多。同样地，当投资者在投资者关系互动平台中观察到管理层积极（消极）语调时，其可能在股票贴吧和其他股票贴吧用户进行确认和讨论，股票贴吧用户之间的互动会聚集越来越多正面（负面）的帖子。并且，业绩说明会是一种互动方式的投资者关系管理活动，管理层通过言语，改变投资者消极看法，积极引导投资者，业绩说明会互动促进正面股票贴吧舆论。因此，提出本章的假设 5 - 2。

假设 5 - 2：在其他条件不变的情况下，业绩说明会语调与股吧贴吧舆论显著相关。

假设 5 - 2a：在其他条件不变的情况下，投资者语调与股吧贴吧舆论显著相关。投资者语调越积极（消极），网络新闻舆论越正面（负面）。

假设 5 - 2b：在其他条件不变的情况下，管理层语调与股吧贴吧舆论显著相关。管理层语调越积极（消极），网络新闻舆论越正面（负面）。

假设 5 - 2c：在其他条件不变的情况下，业绩说明会互动促进了正面的股票贴吧舆论。

第 4 章理论分析和实证研究发现，业绩说明会语调和股票收益显著相关，投资者语调、管理层语调分别与股票收益显著相关，业绩说明会互动有助于提高股票收益。并且，前文的理论分析认为，业绩说明会信息通过不同类型媒体（网络新闻、股票贴吧）进行传播。那么，媒体在业绩说明会的市场反应中是否起着中介作用？

本章认为，第一，业绩说明会通过媒体传播，可以迅速形成有效的网络舆论。基于互联网的业绩说明会，投资者可以便捷地参与。网络中每个人既是信息的接收者也是信息的传播者。随着信息的扩散，其传播速度会以几何级数上升。网民在网络的各类信息平台中传递、交流和分享信息，包括自己的态度、观点和看法，迅速形成有效的网络舆论。

第二，媒体传播与股票收益显著相关。在媒体报道与股票收益方面，泰洛克等（Tetlock et al.，2007）从媒体报道的文字中提取语调，发现语调显著影响股票收益。方和佩雷斯（Fang and Peress，2009）发现，在控制市场和公司特征之后，媒体关注度与股票收益显著相关。泰洛克（2011）发现，媒体可以支配投资者的注意力，即使已经传播过的陈旧信息（Stale Information）再次刊出后，也会引起投资者的反应。游家兴和吴静（2012）从报道基调、曝光程度、关注水平三个维度出发，构建媒体情绪指数，研究发现，媒体情绪引起了股票价格的变化。在股票贴吧与股票收益方面，安特韦勒和弗兰克（Antweiler and Frank，2004）、达斯和陈（Das and Chen，2007）从雅虎（Yahoo）股票贴吧帖子提取投资者情绪，发现投资者情绪显著影响股票收益。杨晓兰等（2016）、段江娇等（2017）选取东方财富网股票贴吧，分析股票贴吧的信息含量，研究发现，股票贴吧的情绪与股票收益率显著相关。

综上分析，首先，业绩说明会语调和股票收益显著相关。其次，业绩说明会通过媒体传播，可以迅速形成有效的信息传递。再次，媒体传播与股票收益显著相关。因此，业绩说明会语调信息，可能通过媒体传播，进一步影响股票收益，即可能存在中介效应。据此，提出本章的假设 5 – 3。

假设 5 – 3：在其他条件不变的情况下，媒体传播（网络新闻、股票贴吧）在业绩说明会语调的市场反应中起着中介作用。

5.3　研　究　设　计

5.3.1　数据来源与样本选择

业绩说明会数据源自投资者关系互动平台，利用 Python 爬取所有公司的业绩说明会文字数据，详细的数据搜集过程参见第 3 章 "数据获得的技术路线"。网络新闻、股票贴吧数据源自中国研究数据服务平台（CNRDS）。本章的其他数据源自 CSMAR 数据库和 Wind 数据库。

本章研究样本为在投资者关系互动平台上召开业绩说明会的 A 股上市公司，样本期间为 2004 ~ 2016 年。依据第 3 章 "数据获得的技术路线"，获得初选样本18,564 场路演活动，剔除首次公开发行股票、并购重组、发行公司债、股权分置改革、致歉会、无法下载互动记录等路演活动，获得业绩说明会 13,676 场。

本章对样本进行了如下处理：①剔除金融行业的样本；②剔除回归中变量值缺失的样本。经过样本筛选，本章最终得到 11,904 个研究样本。由于网络新闻的样本区间为 2004 ~ 2016 年，股票贴吧的样本区间为 2007 ~ 2016 年。因此，网络新闻的样本为 11,904 个，股票贴吧的样本为 11,789 个。本章对连续变量在1% 的水平上进行 Winsorize 处理。

5.3.2　变量定义与模型设定

1. 变量定义

（1）投资者语调

本章计算投资者语调的过程如下：第一，使用 Python 调用百度 AI 开放平台的自然语言处理的情感倾向分析 API 接口，获得每一条投资者提问的情感极性分类结果，包括积极语调、中性语调和消极语调。第二，计算每场业绩说明会的提问数量（*Record_Num*）、积极语调的提问数量（*Pos_Num*）、消极语调的提问数量（*Neg_Num*）。第三，根据式（5-1）计算投资者语调（*Ask_Tone*）。

$$Ask\_Tone = (Pos\_Num - Neg\_Num)/Record\_Num \qquad (5-1)$$

投资者语调（*Ask_Tone*）的值越大，表明投资者语调越积极；该值越小，表明投资者语调越消极。当投资者语调（*Ask_Tone*）的值大于0时，表明投资者语调总体上表现为积极，当投资者语调（*Ask_Tone*）的值小于0时，表明投资者语调总体上表现为消极。

（2）管理层语调

本章计算管理层语调的过程如下：第一，使用 Python 调用百度 AI 开放平台的自然语言处理的情感倾向分析 API 接口，获得每一条管理层回复的情感极性分类结果，包括积极语调、中性语调和消极语调。第二，计算每场业绩说明会的回复数量（*Record_Num*）、积极语调的回复数量（*Pos_Num*）、消极语调的回复数量（*Neg_Num*）。第三，根据式（5-2）计算管理层语调（*Answer_Tone*）。

$$Answer\_Tone = (Pos\_Num - Neg\_Num)/Record\_Num \qquad (5-2)$$

管理层语调（*Answer_Tone*）的值越大，表明管理层语调越积极；该值越小，表明管理层语调越消极。当管理层语调（*Answer_Tone*）的值大于0时，表明管理层语调总体上表现为积极，当管理层语调（*Answer_Tone*）的值小于0时，表明管理层语调总体上表现为消极。

（3）业绩说明会互动

业绩说明会是一种互动方式的投资者关系管理活动。管理层通过言语，改变投资者消极看法，积极引导投资者，是业绩说明会作用的重要体现。笔者认为，投资者消极语调的提问中，管理层积极回复的比例，能够较好地衡量业绩说明会互动的情况①。

本章计算业绩说明会互动情况的方法如下：第一，基于已经获得的投资者语调、管理层语调的情感极性分类，计算每场业绩说明会的投资者消极语调的提问数量（*Ask_Neg_Num*）。第二，计算每场业绩说明会中，投资者消极语调的提问得到管理层积极回复的数量（*Answer_Pos_Num*）。第三，根据式（5-3）计算业绩说明会互动情况（*Exchange*）。业绩说明会互动（*Exchange*）的值越大，表明管理层与投资者之间的互动情况较好。

———————————

① 笔者曾考虑使用管理层回复投资者提问的比例来衡量业绩说明会互动。但是由于管理层回复投资者提问比例的中位数为0.939，该指标差异性较小，可能不能有效衡量业绩说明会互动。

$$Exchange = Answer\_Pos\_Num/Ask\_Neg\_Num \qquad (5-3)$$

（4）媒体传播

第一，网络新闻舆论的衡量。CNRDS 数据库收录的网络财经新闻数据来自涵盖 400 多家网络媒体，包括 20 多家主流网络财经媒体，如和讯网、新浪财经、东方财富网等，这些财经媒体是投资者经常浏览和关注的财经网站。CNRDS 数据库使用计算机领域成熟的文本情感判断方法，将财经新闻判别为正面新闻、中性新闻、负面新闻。CNRDS 数据库收录网络财经新闻数据时间范围为 2001~2016 年。

网络新闻舆论等于（正面网络财经新闻数量 - 负面网络财经新闻数量）/网络财经新闻数量。本章分别计算短事件窗口 ［1，3］（News1）、较长的事件窗口 ［4，20］（News2）和 ［1，20］（News3）。

网络新闻舆论（News1、News2 和 News3）的值越大，表示正面的网络新闻数量越多；该值越小，表明负面的网络新闻数量越多。当网络新闻舆论的值大于 0 时，表明网络新闻总体上表现为正面，当网络新闻舆论的值小于 0 时，表明网络新闻总体上表现为负面。

第二，股票贴吧舆论的衡量。CNRDS 数据库收录的股票贴吧数据来自中国最大的股吧论坛。CNRDS 数据库用计算机领域成熟的文本情感判断方法，将帖子划分为正面、中性、负面。CNRDS 数据库收录股票贴吧数据时间范围为 2007~2016 年。

股票贴吧舆论等于（正面帖子数量 - 负面帖子数量）/帖子数量。本章分别计算短事件窗口 ［1，3］（Post1）、较长的事件窗口 ［4，20］（Post2）和 ［1，20］（Post3）。

股票贴吧舆论（Post1、Post2 和 Post3）的值越大，表示正面的股票贴吧数量越多；该值越小，表明负面的股票贴吧数量越多。当股票贴吧舆论的值大于 0 时，表明股票贴吧总体上表现为正面，当股票贴吧舆论的值小于 0 时，表明股票贴吧总体上表现为负面。

2. 模型设定

（1）假设 5 - 1 的检验

本章分别构建下列模型检验假设 5 - 1：

$$News = \alpha_0 + \alpha_1 Ask\_Tone + \alpha_2 Control\_Variables + \varepsilon \qquad (5-4)$$

$$News = \alpha_0 + \alpha_1 Answer\_Tone + \alpha_2 Control\_Variables + \varepsilon \qquad (5-5)$$

$$News = \alpha_0 + \alpha_1 Exchange + \alpha_2 Control\_Variables + \varepsilon \qquad (5-6)$$

因变量为网络新闻舆论，本章分别使用短事件窗口 ［1，3］（News1）、较长

的事件窗口 [4, 20]（News2）和 [1, 20]（News3）来衡量。

关键自变量分别为投资者语调（Ask_Tone）、管理层语调（Answer_Tone）和业绩说明会互动（Exchange）。依据本章的假设 5 - 1，预期关键自变量的系数显著为正。

Control_Variables 为控制变量。本章控制了以下变量：公司规模（Size）、资产负债率（Lev）、总资产收益率（Roa）、销售收入增长率（Grow）、ST 情况（ST）、未预期盈余（Sue）、贝塔系数（Beta）、市值账面比（Mb）、最终控制人性质（Soe）、第一大股东持股比例（Top1）、股权制衡（Balance）、董事会规模（BoardSize）、独立董事比例（IndDir）、行业虚拟变量（Industry）、年度虚拟变量（Year）。模型使用 OLS 回归方法。为了消除可能存在的异方差问题，在回归分析中使用 Robust 进行了调整。变量定义见表 5 - 1。

表 5 - 1　　　　　　　　　　　　主要变量定义

变量	定义
News1	网络新闻舆论，等于（正面网络财经新闻数量 - 负面网络财经新闻数量）/网络财经新闻数量，事件窗口为 [1, 3]
News2	网络新闻舆论，等于（正面网络财经新闻数量 - 负面网络财经新闻数量）/网络财经新闻数量，事件窗口为 [4, 20]
News3	网络新闻舆论，等于（正面网络财经新闻数量 - 负面网络财经新闻数量）/网络财经新闻数量，事件窗口为 [1, 20]
Post1	股票贴吧舆论，等于（正面帖子数量 - 负面帖子数量）/帖子数量，事件窗口为 [1, 3]
Post2	股票贴吧舆论，等于（正面帖子数量 - 负面帖子数量）/帖子数量，事件窗口为 [4, 20]
Post3	股票贴吧舆论，等于（正面帖子数量 - 负面帖子数量）/帖子数量，事件窗口为 [1, 20]
Ask_Tone	投资者语调，等于（积极语调提问的数量 - 消极语调提问的数量）/总提问数量
Answer_Tone	管理层语调，等于（积极语调回复的数量 - 消极语调回复的数量）/总回复数量
Exchange	业绩说明会互动，等于投资者消极语调的提问中，管理层积极回复的比例
Size	总资产规模，等于总资产的自然对数
Lev	资产负债率，等于总负债除以总资产
Roa	总资产收益率，等于净利润除以总资产
Grow	销售收入增长率，等于（当年营业收入 - 上年营业收入）/上年营业收入
ST	ST 虚拟变量，如果上市公司被 ST 或 *ST，则为 1，否则为 0

变量	定义
Sue	未预期盈余，等于第 *t* 年的每股收益减去第 *t* − 1 年的每股收益
Beta	贝塔系数
Mb	市值账面比，等于股票市场价值除以账面价值
Soe	最终控制人性质，如果公司实际控制人为国有企业，取值为 1，否则为 0
*Top*1	第一大股东持股比例，等于上市公司第一大股东的持股比例
Balance	股权制衡，等于第二至第十大股东持股比例之和除以第一大股东持股比例
BoardSize	董事会规模，等于董事会人数
IndDir	独立董事比例，等于独立董事人数除以董事会人数
Industry	行业虚拟变量，如果样本属于某一行业则为 1，否则为 0。行业的划分标准参考证监会的 2012 年行业分类标准。其中，制造业取二级行业分类，其他行业取一级行业分类
Year	年度虚拟变量，如果样本属于某一年度则为 1，否则为 0

（2）假设 5 − 2 的检验

本章构建下列模型检验假设 5 − 2：

$$Post = \alpha_0 + \alpha_1 Ask\_Tone + \alpha_2 Control\_Variables + \varepsilon \qquad (5-7)$$

$$Post = \alpha_0 + \alpha_1 Answer\_Tone + \alpha_2 Control\_Variables + \varepsilon \qquad (5-8)$$

$$Post = \alpha_0 + \alpha_1 Exchange + \alpha_2 Control\_Variables + \varepsilon \qquad (5-9)$$

因变量为股票贴吧舆论，本章分别使用短事件窗口［1，3］（*Post*1）、较长的事件窗口［4，20］（*Post*2）和［1，20］（*Post*3）来衡量。

关键自变量分别为投资者语调（*Ask_Tone*）、管理层语调（*Answer_Tone*）和业绩说明会互动（*Exchange*）。依据本章的假设 5 − 2，预期关键自变量的系数显著为正。

Control_Variables 为控制变量，控制变量与模型（5 − 4）相同。模型使用 OLS 回归方法。为了消除可能存在的异方差问题，在回归分析中使用 Robust 进行了调整。变量定义见表 5 − 1。

（3）假设 5 − 3 的检验

本章采用中介效应检验。借鉴巴伦和肯尼（Baron and Kenny，1986）、温忠麟等（2004）、温忠麟和叶宝娟（2014）的研究方法，检验媒体传播在业绩说明会语调的市场反应是否具有中介效应。如图 5 − 3 所示，第一步，检验业绩说明会语调的市场反应，观察路径模型 Path a 的回归系数 α_1；第二步，检验业绩说明会语调对媒体传播的影响，观察路径模型 Path b 的回归系数 α_2；第三步，同时分析业绩说明会语调、媒体传播对股票收益的影响，观察路径模型 Path c 的回归系数 α_3 和 α_4。

当下述条件成立时，表明完全中介效应成立：路径 Path a 的系数 α_1 显著、路径 Path b 的系数 α_2 显著、路径 Path c 的系数 α_3 显著、路径 Path c 的系数 α_4 不显著，Sobel 检验统计显著，表明网络传播具有完全中介效应。

当下述条件成立时，表明部分中介效应成立：路径 Path a 的系数 α_1 显著、路径 Path b 的系数 α_2 显著、路径 Path c 的系数 α_3 显著、路径 Path c 的系数 α_4 显著，Sobel 检验统计显著，表明网络传播具有部分中介效应。

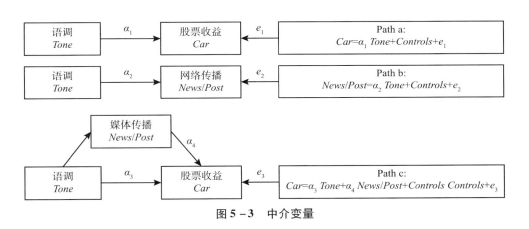

图 5 - 3 中介变量

5.4 实证结果与分析

5.4.1 描述性统计

表 5 - 2 列示了主要变量的描述性统计。投资者语调（*Ask_Tone*）的均值为 - 0.618，中位数为 - 0.633，数值小于 0，表明投资者的提问总体上呈现消极或负面。管理层语调（*Answer_Tone*）的均值为 0.653，中位数为 0.703，数值大于 0，表明管理层的回复总体上呈现积极或正面。业绩说明会互动（*Exchange*）的均值为 0.767，中位数为 0.795。

网络新闻舆论（*News*1）的均值为 0.104，股票贴吧舆论（*Post*1）的均值为 0.106，总资产规模（*Size*）的均值为 21.654，资产负债率（*Lev*）的均值为 0.408，总资产收益率（*Roa*）的均值为 0.041，销售收入增长率（*Grow*）的均值为

0.192，未预期盈余（*Sue*）的均值为−0.069、贝塔系数（*Beta*）的均值为1.154、市值账面比（*Mb*）的均值为4.553，第一大股东持股比例（*Top*1）的均值为0.351，股权制衡（*Balance*）的均值为0.906，董事会规模（*BoardSize*）的均值为8.687，独立董事比例（*IndDir*）的均值为0.373，国有控股上市公司比例为0.316。

表5-2 主要变量描述性统计

变量	平均值	中位数	标准差	最小值	最大值
*News*1	0.104	0.000	0.480	−1.000	1.000
*News*2	0.196	0.105	0.534	−1.000	1.000
*News*3	0.202	0.167	0.530	−1.000	1.000
*Post*1	0.106	0.071	0.278	−0.643	1.000
*Post*2	0.089	0.068	0.166	−0.294	0.631
*Post*3	0.095	0.072	0.167	−0.281	0.667
Ask_Tone	−0.618	−0.633	0.146	−0.890	−0.200
Answer_Tone	0.653	0.703	0.234	0.000	1.000
Exchange	0.767	0.795	0.149	0.370	1.000
Size	21.654	21.479	1.147	19.290	25.264
Lev	0.408	0.393	0.217	0.035	0.941
Roa	0.041	0.039	0.055	−0.185	0.211
Grow	0.192	0.124	0.429	−0.532	2.823
ST	0.038	0.000	0.192	0.000	1.000
Sue	−0.069	−0.037	0.373	−1.500	1.336
Beta	1.154	1.155	0.251	0.463	1.769
Mb	4.553	3.078	5.068	0.671	36.115
Soe	0.316	0.000	0.465	0.000	1.000
*Top*1	0.351	0.333	0.148	0.093	0.753
Balance	0.906	0.706	0.764	0.040	3.881
BoardSize	8.687	9.000	1.641	5.000	14.000
IndDir	0.373	0.333	0.052	0.333	0.571

本章对主要变量进行相关系数检验，如表5-3。统计结果显示，投资者语调（*Ask_Tone*）、管理层语调（*Answer_Tone*）、业绩说明会互动（*Exchange*）分别与网络新闻舆论（*News*1）、股票贴吧舆论（*Post*1）显著相关，初步支持本章的研究假设。

表 5 - 3　相关系数

序号	变量	1	2	3	4	5	6	7	8	9	10	11	12	13	14	15	16	17	18
1	News1		0.067[a]	0.077[a]	0.062[a]	0.055[a]	0.051[a]	-0.045[a]	0.104[a]	0.074[a]	-0.063[a]	0.040[a]	0.029[a]	0.043[a]	-0.025[a]	0.024[a]	0.017[b]	-0.004	0.003
2	Post1	0.056[a]		0.076[a]	0.046[a]	0.049[a]	-0.003	-0.025[a]	0.020[b]	0.015	0.001	0.021[b]	0.011	0.009	-0.027[a]	0.012	0.011	-0.002	0.007
3	Ask_Tone	0.076[a]	0.067[a]		0.214[a]	0.175[a]	-0.080[a]	-0.175[a]	0.156[a]	0.106[a]	-0.112[a]	0.003	0.085[a]	0.178[a]	-0.224[a]	-0.011	0.120[a]	-0.074[a]	0.013
4	Answer_Tone	0.061[a]	0.043[a]	0.229[a]		0.956[a]	-0.063[a]	-0.181[a]	0.129[a]	0.081[a]	-0.095[a]	0.005	0.110[a]	0.146[a]	-0.236[a]	-0.005	0.110[a]	-0.112[a]	0.020[b]
5	Exchange	0.054[a]	0.046[a]	0.185[a]	0.957[a]		-0.057[a]	-0.172[a]	0.121[a]	0.074[a]	-0.095[a]	0.006	0.104[a]	0.133[a]	-0.226[a]	-0.004	0.104[a]	-0.107[a]	0.019[b]
6	Size	0.034[a]	-0.014	-0.077[a]	-0.065[a]	-0.061[a]		0.485[a]	-0.081[a]	0.039[a]	-0.114[a]	0.059[a]	-0.080[a]	-0.332[a]	0.317[a]	0.161[a]	-0.206[a]	0.277[a]	-0.015
7	Lev	-0.056[a]	-0.033[a]	-0.175[a]	-0.199[a]	-0.188[a]	0.463[a]		-0.438[a]	-0.010	0.190[a]	0.085[a]	-0.139[a]	-0.109[a]	0.315[a]	0.024[b]	-0.210[a]	0.188[a]	-0.027[a]
8	Roa	0.089[a]	0.012	0.145[a]	0.141[a]	0.131[a]	-0.008	-0.409[a]		0.350[a]	-0.124[a]	0.224[a]	-0.025[a]	0.198[a]	-0.158[a]	0.085[a]	0.132[a]	0.000	-0.024[a]
9	Grow	0.034[a]	0.017[b]	0.066[a]	0.046[a]	0.039[a]	0.047[a]	0.038[a]	0.238[a]		-0.058[a]	0.288[a]	-0.011	0.138[a]	-0.087[a]	0.008	0.099[a]	0.005	-0.009
10	ST	-0.062[a]	0.003	-0.106[a]	-0.121[a]	-0.117[a]	-0.116[a]	0.228[a]	-0.151[a]	0.054[a]		0.085[a]	-0.194[a]	0.080[a]	0.078[a]	-0.074[a]	-0.014	-0.027[a]	-0.003
11	Sise	0.014	0.012	0.008	0.010	0.008	0.012	0.042[a]	0.334[a]	0.251[a]	0.110[a]		-0.130[a]	0.086[a]	0.078[a]	-0.010	-0.031[a]	0.035[a]	-0.004
12	Beta	0.037[a]	0.007	0.082[a]	0.102[a]	0.098[a]	-0.094[a]	-0.152[a]	-0.031[a]	-0.004	-0.213[a]	-0.114[a]		0.123[a]	-0.096[a]	-0.057[a]	0.049[a]	-0.086[a]	0.007
13	Mb	-0.008	0.001	0.095[a]	0.051[a]	0.044[a]	-0.271[a]	0.027[a]	0.006	0.072[a]	0.177[a]	0.043[a]	0.047[a]		-0.199[a]	-0.083[a]	0.116[a]	-0.175[a]	0.056[a]
14	Soe	-0.026[a]	-0.038[a]	-0.215[a]	-0.246[a]	-0.236[a]	0.345[a]	0.316[a]	-0.128[a]	-0.054[a]	0.078[a]	0.047[a]	-0.102[a]	-0.100[a]		0.152[a]	-0.283[a]	0.284[a]	-0.068[a]
15	Top1	0.022[b]	0.008	-0.021[b]	0.111[a]	0.109[a]	-0.151[a]	0.022[b]	0.098[a]	0.020[b]	-0.067[a]	-0.015[b]	-0.062[a]	0.057[a]	0.161[a]		-0.752[a]	-0.015	0.041[a]
16	Balance	0.014	0.018[b]	0.097[a]	0.111[a]	0.109[a]	-0.151[a]	0.195[a]	0.090[a]	0.068[a]	-0.020[b]	-0.010	0.040[a]	0.057[a]	-0.235[a]	-0.693[a]		-0.016[b]	-0.060[b]
17	BoardSize	0.000	-0.002	-0.079[a]	-0.114[a]	-0.112[a]	0.312[a]	-0.185[a]	0.011	-0.009	-0.029[a]	0.022[b]	-0.079[a]	-0.130[a]	0.301[a]	-0.001	0.004		-0.487[a]
18	IndDir	0.001	0.006	0.009	0.030[a]	0.029[a]	-0.017[b]	-0.034[a]	-0.021[b]	-0.007	-0.007	-0.006	0.011	0.077[a]	-0.077[a]	0.053[a]	-0.054[a]	-0.447[a]	

注：左下三角为 Pearson 相关系数，右上三角为 Spearman 相关系数。a，b，c 分别表示 1%、5%、10% 统计水平显著。由于表格的限制，在此表格中没有列示变量 News2、News3、Post2 和 Post3。

5.4.2 实证结果分析

1. 业绩说明会语调与网络新闻舆论

表5-4列示了业绩说明会语调与网络新闻舆论的实证结果。

第（1）列至第（3）列为投资者语调与网络新闻舆论的回归结果，投资者语调（Ask_Tone）的系数均在1%的水平上显著为正。这表明，投资者语调与网络新闻舆论显著相关，投资者语调越积极（消极），网络新闻舆论越正面（负面）。

第（4）列至第（6）列为管理层语调与网络新闻舆论的回归结果，管理层语调（Answer_Tone）的系数分别在5%、1%的水平上显著为正。这表明，管理层语调与网络新闻舆论显著相关。管理层语调越积极（消极），网络新闻舆论越正面（负面）。

第（7）列至第（9）列为业绩说明会互动与网络新闻舆论的回归结果。在短事件窗口 [1, 3] 的回归中，业绩说明会互动（Exchange）的系数为0.049，符号为正，显著性接近10%。在较长事件窗口 [4, 20] 和 [1, 20] 的回归中，业绩说明会互动（Exchange）的系数均在1%的水平上显著为正。这表明，随着窗口的变长，业绩说明会互动促进了正面的网络新闻舆论。

综合表5-4的实证结果，业绩说明会语调与网络新闻舆论显著相关。

表5-4　　　　　　　　　　业绩说明会语调与网络新闻舆论

变量	(1)	(2)	(3)	(4)	(5)	(6)	(7)	(8)	(9)
	News1	News2	News3	News1	News2	News3	News1	News2	News3
Ask_Tone	0.143 *** (4.469)	0.097 *** (2.776)	0.124 *** (3.603)						
Answer_Tone				0.044 ** (2.165)	0.098 *** (4.329)	0.106 *** (4.696)			
Exchange							0.049 (1.530)	0.127 *** (3.583)	0.134 *** (3.822)
Size	0.026 *** (4.250)	0.011 * (1.844)	0.013 ** (2.099)	0.027 *** (4.340)	0.012 ** (1.987)	0.014 ** (2.259)	0.027 *** (4.331)	0.012 ** (1.981)	0.014 ** (2.250)
Lev	-0.060 ** (-1.963)	-0.005 (-0.134)	-0.030 (-0.879)	-0.065 ** (-2.136)	-0.007 (-0.194)	-0.033 (-0.970)	-0.066 ** (-2.157)	-0.008 (-0.233)	-0.035 (-1.012)

续表

变量	（1） *News*1	（2） *News*2	（3） *News*3	（4） *News*1	（5） *News*2	（6） *News*3	（7） *News*1	（8） *News*2	（9） *News*3
Roa	0. 541 *** （5. 116）	1. 000 *** （8. 531）	0. 989 *** （8. 506）	0. 556 *** （5. 250）	0. 984 *** （8. 424）	0. 976 *** （8. 436）	0. 561 *** （5. 302）	0. 992 *** （8. 489）	0. 985 *** （8. 508）
Grow	0. 015 （1. 321）	0. 030 ** （2. 393）	0. 029 ** （2. 444）	0. 016 （1. 443）	0. 029 ** （2. 392）	0. 029 ** （2. 466）	0. 016 （1. 468）	0. 030 ** （2. 437）	0. 030 ** （2. 516）
ST	− 0. 061 ** （− 2. 485）	− 0. 135 *** （− 4. 690）	− 0. 136 *** （− 4. 618）	− 0. 064 *** （− 2. 617）	− 0. 133 *** （− 4. 599）	− 0. 134 *** （− 4. 559）	− 0. 065 *** （− 2. 649）	− 0. 134 *** （− 4. 642）	− 0. 135 *** （− 4. 605）
Sue	− 0. 010 （− 0. 702）	0. 011 （0. 745）	0. 013 （0. 925）	− 0. 010 （− 0. 767）	0. 011 （0. 718）	0. 013 （0. 886）	− 0. 010 （− 0. 772）	0. 010 （0. 708）	0. 013 （0. 875）
Beta	0. 035 * （1. 692）	0. 021 （0. 966）	0. 036 （1. 625）	0. 035 * （1. 667）	0. 021 （0. 958）	0. 035 （1. 612）	0. 034 * （1. 664）	0. 021 （0. 951）	0. 035 （1. 605）
Mb	0. 000 （0. 181）	− 0. 000 （− 0. 249）	− 0. 002 （− 1. 406）	0. 000 （0. 388）	− 0. 000 （− 0. 020）	− 0. 001 （− 1. 139）	0. 000 （0. 368）	− 0. 000 （− 0. 038）	− 0. 001 （− 1. 161）
Soe	0. 001 （0. 078）	− 0. 007 （− 0. 522）	− 0. 002 （− 0. 185）	− 0. 002 （− 0. 202）	− 0. 004 （− 0. 326）	− 0. 000 （− 0. 040）	− 0. 003 （− 0. 287）	− 0. 005 （− 0. 435）	− 0. 002 （− 0. 166）
*Top*1	0. 087 * （1. 904）	− 0. 026 （− 0. 535）	− 0. 011 （− 0. 227）	0. 085 * （1. 859）	− 0. 042 （− 0. 857）	− 0. 027 （− 0. 557）	0. 088 * （1. 919）	− 0. 038 （− 0. 782）	− 0. 023 （− 0. 468）
Balance	0. 007 （0. 772）	− 0. 009 （− 0. 987）	− 0. 011 （− 1. 138）	0. 007 （0. 758）	− 0. 012 （− 1. 266）	− 0. 013 （− 1. 418）	0. 007 （0. 812）	− 0. 011 （− 1. 200）	− 0. 012 （− 1. 341）
BoardSize	0. 002 （0. 497）	− 0. 000 （− 0. 021）	0. 001 （0. 328）	0. 002 （0. 525）	0. 000 （0. 024）	0. 001 （0. 379）	0. 002 （0. 523）	0. 000 （0. 026）	0. 001 （0. 380）
IndDir	− 0. 016 （− 0. 158）	− 0. 067 （− 0. 637）	− 0. 086 （− 0. 811）	− 0. 019 （− 0. 193）	− 0. 067 （− 0. 634）	− 0. 086 （− 0. 816）	− 0. 020 （− 0. 198）	− 0. 068 （− 0. 640）	− 0. 087 （− 0. 822）
Constant	− 0. 505 *** （− 3. 288）	− 0. 067 （− 0. 414）	− 0. 073 （− 0. 470）	− 0. 619 *** （− 4. 060）	− 0. 187 （− 1. 171）	− 0. 215 （− 1. 399）	− 0. 628 *** （− 4. 082）	− 0. 220 （− 1. 362）	− 0. 248 （− 1. 597）
Industry	Control	Control	Control	Control	Control	Control	Control	Control	Control
Year	Control	Control	Control	Control	Control	Control	Control	Control	Control
样本量	11, 904	11, 904	11, 904	11, 904	11, 904	11, 904	11, 904	11, 904	11, 904
调整后的 R²	0. 024	0. 043	0. 047	0. 023	0. 044	0. 048	0. 023	0. 044	0. 048

注：***、**、* 分别表示1%、5%、10%统计水平显著。

2. 业绩说明会语调与股票贴吧舆论

表5-5列示了业绩说明会语调与股票贴吧舆论的实证结果。

第（1）列至第（3）列为投资者语调与股票贴吧舆论的回归结果，投资者语调（Ask_Tone）的系数均在1%的水平上显著为正。这表明，投资者语调与股票贴吧舆论显著相关，投资者语调越积极（消极），股票贴吧舆论越正面（负面）。

第（4）列至第（6）列为管理层语调与股票贴吧舆论的回归结果，管理层语调（Answer_Tone）的系数均在1%的水平上显著为正。这表明，管理层语调与股票贴吧舆论显著相关。管理层语调越积极（消极），股票贴吧舆论越正面（负面）。

第（7）列至第（9）列为业绩说明会互动与股票贴吧舆论的回归结果。业绩说明会互动（Exchange）的系数均在1%的水平上显著为正。这表明，业绩说明会互动促进了正面的股票贴吧舆论。

综合表5-5的实证结果，业绩说明会语调与股票贴吧舆论显著相关。

表5-5　　　　　　　　　　业绩说明会语调与股票贴吧舆论

变量	(1) Post1	(2) Post2	(3) Post3	(4) Post1	(5) Post2	(6) Post3	(7) Post1	(8) Post2	(9) Post3
Ask_Tone	0.114 *** (6.096)	0.118 *** (10.565)	0.124 *** (11.153)						
Answer_Tone				0.032 *** (2.741)	0.028 *** (4.063)	0.029 *** (4.247)			
Exchange							0.055 *** (3.094)	0.045 *** (4.214)	0.046 *** (4.330)
Size	-0.001 (-0.230)	-0.005 *** (-2.780)	-0.006 *** (-3.107)	-0.000 (-0.108)	-0.005 ** (-2.571)	-0.006 *** (-2.886)	-0.000 (-0.090)	-0.005 ** (-2.553)	-0.006 *** (-2.868)
Lev	-0.022 (-1.230)	-0.012 (-1.156)	-0.017 * (-1.647)	-0.026 (-1.467)	-0.016 (-1.586)	-0.021 ** (-2.098)	-0.026 (-1.481)	-0.017 (-1.611)	-0.022 ** (-2.124)
Roa	-0.045 (-0.746)	0.111 *** (3.207)	0.092 *** (2.678)	-0.032 (-0.526)	0.126 *** (3.634)	0.108 *** (3.137)	-0.033 (-0.539)	0.126 *** (3.641)	0.109 *** (3.147)
Grow	0.010 * (1.676)	0.003 (0.770)	0.005 (1.500)	0.011 * (1.868)	0.004 (1.096)	0.007 * (1.839)	0.011 * (1.879)	0.004 (1.118)	0.007 * (1.862)
ST	0.020 (1.431)	0.004 (0.569)	0.001 (0.197)	0.017 (1.225)	0.001 (0.157)	-0.002 (-0.256)	0.017 (1.243)	0.001 (0.166)	-0.002 (-0.249)

续表

变量	（1）	（2）	（3）	（4）	（5）	（6）	（7）	（8）	（9）
	Post1	Post2	Post3	Post1	Post2	Post3	Post1	Post2	Post3
Sue	0.011 （1.448）	0.009 * （1.925）	0.008 * （1.799）	0.010 （1.358）	0.008 * （1.761）	0.007 （1.627）	0.010 （1.353）	0.008 * （1.753）	0.007 （1.618）
Beta	−0.001 （−0.062）	−0.009 （−1.367）	−0.008 （−1.198）	−0.001 （−0.089）	−0.009 （−1.411）	−0.008 （−1.245）	−0.001 （−0.090）	−0.009 （−1.412）	−0.008 （−1.247）
Mb	0.000 （0.056）	−0.001 （−1.487）	−0.001 （−1.515）	0.000 （0.353）	−0.000 （−1.054）	−0.000 （−1.063）	0.000 （0.372）	−0.000 （−1.041）	−0.000 （−1.052）
Soe	−0.015 ** （−2.370）	−0.009 ** （−2.357）	−0.010 *** （−2.815）	−0.018 *** （−2.820）	−0.012 *** （−3.201）	−0.014 *** （−3.710）	−0.018 *** （−2.797）	−0.012 *** （−3.209）	−0.014 *** （−3.726）
Top1	0.049 ** （1.988）	0.047 *** （3.306）	0.048 *** （3.391）	0.049 ** （1.969）	0.048 *** （3.325）	0.049 *** （3.419）	0.048 * （1.937）	0.047 *** （3.311）	0.048 *** （3.410）
Balance	0.007 （1.579）	0.009 *** （3.210）	0.009 *** （3.318）	0.008 （1.600）	0.010 *** （3.285）	0.010 *** （3.407）	0.007 （1.567）	0.010 *** （3.268）	0.010 *** （3.395）
BoardSize	0.004 ** （2.029）	0.001 （0.900）	0.001 （1.251）	0.004 ** （2.058）	0.001 （0.943）	0.001 （1.294）	0.004 ** （2.068）	0.001 （0.955）	0.001 （1.305）
IndDir	0.037 （0.665）	0.078 ** （2.438）	0.084 *** （2.600）	0.033 （0.598）	0.074 ** （2.306）	0.079 ** （2.461）	0.033 （0.603）	0.074 ** （2.310）	0.080 ** （2.465）
Constant	0.083 （1.176）	0.245 *** （5.212）	0.279 *** （5.882）	−0.008 （−0.111）	0.155 *** （3.295）	0.184 *** （3.893）	−0.030 （−0.423）	0.138 *** （2.902）	0.167 *** （3.500）
Industry	Control	Control	Control	Control	Control	Control	Control	Control	Control
Year	Control	Control	Control	Control	Control	Control	Control	Control	Control
样本量	11,789	11,789	11,789	11,789	11,789	11,789	11,789	11,789	11,789
调整后的 R^2	0.021	0.064	0.082	0.018	0.056	0.073	0.018	0.056	0.073

注：*** 、** 、* 分别表示 1%、5%、10% 统计水平显著。

3. 中介效应检验

表 5-6 列示了中介效应检验的实证结果[①]。

网络新闻的中介效应检验，模型回归结果列示于 Panel A 的第（1）列至第

---

① 第（1）列和第（4）列的回归均为投资者语调（Ask_Tone）对市场反应（Car3）的回归结果。由于网络新闻的样本区间为 2004～2016 年，股票贴吧的样本区间为 2007～2016 年，样本略有差异。为中介效应检验精确，本章依照网络新闻、股票贴吧样本，分别分析投资者语调与市场反应的关系。

（3）列，Sobel 检验列示于 Panel B。实证结果显示，Path a 中 *Ask_Tone* 的系数显著为正，Path b 中 *Ask_Tone* 的系数显著为正，Path c 中 *Ask_Tone* 的系数显著为正，*News*3 的系数显著为正，Sobel 检验的 Z 值为 2.855，在 1% 的水平上显著。以上结果表明，网络新闻起着部分中介效应的作用，即投资者语调可以直接影响股票收益，也可以通过网络新闻。

股票贴吧的中介效应检验，模型回归结果列示于 Panel A 的第（4）列至第（6）列，Sobel 检验列示于 Panel C。实证结果显示，Path a 中 *Answer_Tone* 的系数显著为正，Path b 中 *Answer_Tone* 的系数显著为正，Path c 中 *Answer_Tone* 的系数显著为正，*Post*3 的系数显著为正，Sobel 检验的 Z 值为 9.028，在 1% 的水平上显著。以上结果表明，股票贴吧起着部分中介效应的作用，即投资者语调可以直接影响股票收益，也可以通过股票贴吧。

综合表 5－6 的结果，网络新闻、股票贴吧作为网络媒体，在业绩说明会的信息传播中具有中介效应，投资者语调可以直接影响股票收益，也可以通过网络传播影响。本章还检验了网络媒体在管理层语调、业绩说明会互动的市场反应的中介效应。实证结果（未报告）表明，网络媒体在管理层语调、业绩说明会互动的市场反应中具有部分中介效应。

表 5－6　　　　　　　　　　　　　中介效应检验

Panel A：模型回归

变量	网络新闻			股票贴吧		
	（1）	（2）	（3）	（4）	（5）	（6）
	*Car*3	*News*3	*Car*3	*Car*3	*Post*3	*Car*3
Ask_Tone	0.048 *** (4.570)	0.124 *** (3.603)	0.046 *** (4.428)	0.047 *** (4.469)	0.124 *** (11.153)	0.030 *** (2.847)
*News*3			0.012 *** (4.680)			
*Post*3						0.139 *** (15.377)
Size	−0.011 *** (−5.624)	0.013 ** (2.099)	−0.011 *** (−5.717)	−0.011 *** (−5.749)	−0.006 *** (−3.107)	−0.011 *** (−5.399)
Lev	0.014 (1.326)	−0.030 (−0.879)	0.015 (1.362)	0.016 (1.476)	−0.017 * (−1.647)	0.018 * (1.720)

续表

Panel A：模型回归

变量	网络新闻			股票贴吧		
	（1）	（2）	（3）	（4）	（5）	（6）
	Car3	News3	Car3	Car3	Post3	Car3
Roa	− 0. 022 （− 0. 579）	0. 989 *** （8. 506）	− 0. 035 （− 0. 889）	− 0. 019 （− 0. 474）	0. 092 *** （2. 678）	− 0. 031 （− 0. 810）
Grow	0. 004 （1. 036）	0. 029 ** （2. 444）	0. 004 （0. 952）	0. 004 （0. 966）	0. 005 （1. 500）	0. 003 （0. 801）
ST	0. 021 ** （2. 019）	− 0. 136 *** （− 4. 618）	0. 022 ** （2. 182）	0. 021 ** （2. 031）	0. 001 （0. 197）	0. 021 ** （2. 036）
Sue	− 0. 005 （− 1. 084）	0. 013 （0. 925）	− 0. 005 （− 1. 121）	− 0. 005 （− 1. 076）	0. 008 * （1. 799）	− 0. 006 （− 1. 333）
Beta	0. 001 （0. 133）	0. 036 （1. 625）	0. 001 （0. 075）	0. 003 （0. 398）	− 0. 008 （− 1. 198）	0. 004 （0. 547）
Mb	− 0. 002 *** （− 4. 238）	− 0. 002 （− 1. 406）	− 0. 002 *** （− 4. 196）	− 0. 002 *** （− 4. 299）	− 0. 001 （− 1. 515）	− 0. 002 *** （− 4. 187）
Soe	− 0. 002 （− 0. 570）	− 0. 002 （− 0. 185）	− 0. 002 （− 0. 563）	− 0. 002 （− 0. 580）	− 0. 010 *** （− 2. 815）	− 0. 001 （− 0. 170）
Top1	0. 018 （1. 311）	− 0. 011 （− 0. 227）	0. 019 （1. 322）	0. 020 （1. 437）	0. 048 *** （3. 391）	0. 014 （0. 970）
Balance	0. 002 （0. 840）	− 0. 011 （− 1. 138）	0. 002 （0. 890）	0. 003 （1. 020）	0. 009 *** （3. 318）	0. 001 （0. 539）
BoardSize	0. 000 （0. 177）	0. 001 （0. 328）	0. 000 （0. 163）	0. 000 （0. 128）	0. 001 （1. 251）	− 0. 000 （− 0. 057）
IndDir	0. 037 （1. 209）	− 0. 086 （− 0. 811）	0. 038 （1. 244）	0. 038 （1. 249）	0. 084 *** （2. 600）	0. 027 （0. 882）
Constant	0. 263 *** （5. 278）	− 0. 073 （− 0. 470）	0. 263 *** （5. 298）	0. 206 *** （4. 477）	0. 279 *** （5. 882）	0. 167 *** （3. 650）
Industry	Control	Control	Control	Control	Control	Control
Year	Control	Control	Control	Control	Control	Control
样本量	11, 904	11, 904	11, 904	11, 789	11, 789	11, 789
调整后的 R²	0. 042	0. 047	0. 043	0. 042	0. 082	0. 062

Panel B：Sobel 检验（网络新闻）

	Coefficient	Z	P > |Z|
Sobel	0.002	2.855	0.004
Indirect effect	0.002	2.855	0.004
Direct effect	0.046	4.428	0.000
Total effect	0.048	4.570	0.000
Proportion of total effect that is mediated	0.032		
Ratio of indirect to direct effect	0.033		
Ratio of total to direct effect	1.033		

Panel C：Sobel 检验（股票贴吧）

	Coefficient	Z	P > |Z|
Sobel	0.017	9.028	0.000
Indirect effect	0.017	9.028	0.000
Direct effect	0.030	2.847	0.004
Total effect	0.047	4.469	0.000
Proportion of total effect that is mediated	0.366		
Ratio of indirect to direct effect	0.578		
Ratio of total to direct effect	1.578		

注：*** 、** 、* 分别表示 1%、5%、10% 统计水平显著。

5.4.3　进一步分析[①]

1. 按总资产收益率分组

本章按照上市公司总资产收益率（ROA）的中位数分为 ROA 较低组和 ROA

[①]　由于篇幅限制，本章后文只汇报事件窗口 [1, 20]（*News*3 和 *Post*3）的实证结果。本章还使用事件窗口 [1, 3]（*News*1 和 *Post*1）、[4, 20]（*News*2 和 *Post*2）进行实证检验，实证结果基本相同。

较高组，考察不同 ROA 情况下，业绩说明会与媒体传播的关系是否存在差异。由于该检验已经按照总资产收益率进行分组，因此在进行该实证分析时，不控制总资产收益率因素。表 5－7 的实证结果显示，在 ROA 较低组和 ROA 较高组，投资者语调（*Ask_Tone*）、管理层语调（*Answer_Tone*）和业绩说明会互动（*Exchange*）的系数均显著为正，业绩说明会语调与网络新闻舆论显著相关。

表 5－7   按总资产收益率分组

变量	ROA 较低组			ROA 较高组		
	（1）	（2）	（3）	（4）	（5）	（6）
	*News*3	*News*3	*News*3	*News*3	*News*3	*News*3
Ask_Tone	0. 114 ** (2. 130)			0. 115 ** (2. 553)		
Answer_Tone		0. 074 ** (2. 349)			0. 142 *** (4. 325)	
Exchange			0. 087 * (1. 772)			0. 183 *** (3. 602)
Size	0. 030 *** (3. 436)	0. 030 *** (3. 441)	0. 030 *** (3. 454)	0. 009 (1. 008)	0. 011 (1. 276)	0. 011 (1. 252)
Lev	－ 0. 095 ** (－2. 165)	－ 0. 097 ** (－2. 214)	－ 0. 098 ** (－2. 235)	－ 0. 037 (－0. 722)	－ 0. 039 (－0. 756)	－ 0. 042 (－0. 831)
Grow	0. 024 (1. 360)	0. 025 (1. 393)	0. 025 (1. 423)	0. 036 ** (2. 239)	0. 035 ** (2. 222)	0. 036 ** (2. 278)
ST	－ 0. 090 *** (－2. 612)	－ 0. 088 ** (－2. 567)	－ 0. 090 *** (－2. 601)	－ 0. 260 *** (－4. 513)	－ 0. 259 *** (－4. 503)	－ 0. 261 *** (－4. 534)
Sue	0. 061 *** (3. 201)	0. 059 *** (3. 133)	0. 060 *** (3. 157)	0. 030 (1. 510)	0. 030 (1. 527)	0. 030 (1. 501)
Beta	0. 048 (1. 476)	0. 049 (1. 510)	0. 050 (1. 523)	0. 027 (0. 859)	0. 027 (0. 875)	0. 026 (0. 837)
Mb	－ 0. 002 (－1. 072)	－ 0. 001 (－0. 956)	－ 0. 002 (－0. 973)	0. 000 (0. 003)	0. 000 (0. 176)	0. 000 (0. 173)

续表

变量	ROA 较低组			ROA 较高组		
	（1）	（2）	（3）	（4）	（5）	（6）
	News3	News3	News3	News3	News3	News3
Soe	- 0. 026 （ - 1. 514）	- 0. 026 （ - 1. 479）	- 0. 027 （ - 1. 567）	0. 028 （1. 533）	0. 031 * （1. 711）	0. 029 （1. 612）
Top1	0. 027 （0. 394）	0. 017 （0. 247）	0. 022 （0. 332）	- 0. 041 （ - 0. 586）	- 0. 058 （ - 0. 830）	- 0. 056 （ - 0. 808）
Balance	- 0. 019 （ - 1. 403）	- 0. 020 （ - 1. 512）	- 0. 019 （ - 1. 436）	- 0. 010 （ - 0. 748）	- 0. 013 （ - 0. 966）	- 0. 013 （ - 0. 956）
BoardSize	0. 010 ** （1. 990）	0. 010 ** （2. 036）	0. 010 ** （2. 027）	- 0. 007 （ - 1. 460）	- 0. 007 （ - 1. 437）	- 0. 007 （ - 1. 406）
IndDir	0. 077 （0. 504）	0. 080 （0. 521）	0. 080 （0. 519）	- 0. 291 ** （ - 1. 975）	- 0. 294 ** （ - 2. 001）	- 0. 294 ** （ - 2. 002）
Constant	- 0. 557 *** （ - 2. 619）	- 0. 659 *** （ - 3. 175）	- 0. 683 *** （ - 3. 251）	0. 248 （1. 097）	0. 063 （0. 279）	0. 021 （0. 092）
Industry	Control	Control	Control	Control	Control	Control
Year	Control	Control	Control	Control	Control	Control
样本量	5, 953	5, 953	5, 953	5, 951	5, 951	5, 951
调整后的 R^2	0. 037	0. 037	0. 036	0. 036	0. 038	0. 037

注：***、**、*分别表示1%、5%、10%统计水平显著。

本章还按照 ROA 中位数分组，考察业绩说明会语调与股票贴吧舆论的关系。实证结果（未报告）表明，在 ROA 较低组和 ROA 较高组，投资者语调（Ask_Tone）、管理层语调（Answer_Tone）和业绩说明会互动（Exchange）的系数均显著为正，业绩说明会语调与股票贴吧舆论显著相关。

2. 按股利分配率分组

本章按照上市公司股利分配率（每股派息除以每股利润）的中位数分为股利分配率较低组和股利分配率较高组，考察不同股利分配率情况下，业绩说明会与媒体传播的关系是否存在差异。表 5 - 8 的实证结果显示，在股利分配率较低组和股利分配率较高组，投资者语调（Ask_Tone）、管理层语调（Answer_Tone）和业绩说明会互动（*Exchange*）的系数均显著为正，业绩说明会语调与网络新闻舆论显著相关。

表 5 – 8

按股利分配率分组

变量	股利分配率较低组			股利分配率较高组		
	（1）	（2）	（3）	（4）	（5）	（6）
	*News*3	*News*3	*News*3	*News*3	*News*3	*News*3
Ask_Tone	0. 110 ** (2. 192)			0. 133 *** (2. 773)		
Answer_Tone		0. 101 *** (3. 331)			0. 111 *** (3. 221)	
Exchange			0. 136 *** (2. 889)			0. 129 ** (2. 401)
Size	0. 017 ** (2. 022)	0. 017 ** (2. 055)	0. 017 ** (2. 072)	0. 008 (0. 824)	0. 010 (1. 026)	0. 009 (0. 977)
Lev	− 0. 077 * (− 1. 685)	− 0. 078 * (− 1. 709)	− 0. 079 * (− 1. 726)	0. 031 (0. 580)	0. 026 (0. 471)	0. 024 (0. 436)
Roa	1. 105 *** (7. 462)	1. 080 *** (7. 331)	1. 090 *** (7. 387)	0. 789 *** (3. 753)	0. 806 *** (3. 859)	0. 811 *** (3. 877)
Grow	0. 022 (1. 607)	0. 023 * (1. 645)	0. 023 * (1. 663)	0. 035 (1. 489)	0. 035 (1. 477)	0. 036 (1. 532)
ST	− 0. 115 *** (− 3. 681)	− 0. 115 *** (− 3. 668)	− 0. 116 *** (− 3. 692)	0. 036 (0. 159)	0. 058 (0. 262)	0. 057 (0. 257)
Sue	− 0. 009 (− 0. 500)	− 0. 010 (− 0. 511)	− 0. 010 (− 0. 525)	0. 049 ** (2. 066)	0. 049 ** (2. 075)	0. 049 ** (2. 076)
Beta	0. 012 (0. 381)	0. 013 (0. 408)	0. 012 (0. 389)	0. 050 (1. 583)	0. 049 (1. 549)	0. 049 (1. 548)
Mb	− 0. 001 (− 0. 721)	− 0. 001 (− 0. 536)	− 0. 001 (− 0. 544)	− 0. 001 (− 0. 396)	− 0. 001 (− 0. 249)	− 0. 001 (− 0. 260)
Soe	− 0. 005 (− 0. 328)	− 0. 003 (− 0. 166)	− 0. 004 (− 0. 233)	0. 003 (0. 176)	0. 004 (0. 196)	0. 002 (0. 093)

续表

变量	股利分配率较低组			股利分配率较高组		
	（1）	（2）	（3）	（4）	（5）	（6）
	News3	News3	News3	News3	News3	News3
Top1	0.068 (1.009)	0.054 (0.800)	0.058 (0.856)	−0.073 (−1.029)	−0.093 (−1.311)	−0.089 (−1.246)
Balance	−0.005 (−0.345)	−0.007 (−0.512)	−0.006 (−0.461)	−0.016 (−1.191)	−0.019 (−1.439)	−0.018 (−1.383)
BoardSize	0.010 ** (1.990)	0.010 ** (2.043)	0.010 ** (2.045)	−0.009 * (−1.878)	−0.009 * (−1.852)	−0.009 * (−1.855)
IndDir	0.016 (0.108)	0.021 (0.141)	0.022 (0.148)	−0.205 (−1.360)	−0.211 (−1.399)	−0.213 (−1.412)
Constant	−0.247 (−1.144)	−0.369 * (−1.766)	−0.415 ** (−1.965)	0.215 (0.927)	0.051 (0.217)	0.036 (0.151)
Industry	Control	Control	Control	Control	Control	Control
Year	Control	Control	Control	Control	Control	Control
样本量	5,952	5,952	5,952	5,952	5,952	5,952
调整后的 R^2	0.060	0.061	0.061	0.032	0.032	0.031

注：*** 、** 、* 分别表示1%、5%、10%统计水平显著。

本章还按照股利分配率中位数分组，考察业绩说明会语调与股票贴吧舆论的关系。实证结果（未报告）表明，在股利分配率较低组和股利分配率较高组，投资者语调（Ask_Tone）、管理层语调（Answer_Tone）和业绩说明会互动（Exchange）的系数均显著为正，业绩说明会语调与股票贴吧舆论显著相关。

3. 按机构投资者持股比例分组

本书借鉴孙等（Sun et al. ，2012）的研究，使用机构投资者持股比例来衡量公司信息不对称程度，当机构投资者持股比例较低时，公司的信息不对称程度相对较高。本章按照机构投资者持股比例的中位数分为机构投资者持股比例较低组和机构投资者持股比例较高组，考察不同机构投资者持股比例情况下，业绩说明会与媒体传播的关系是否存在差异。表5-9的实证结果显示，在机构投资者持股比例较低组和机构投资者持股比例较高组，投资者语调（Ask_Tone）、管理层语调（*Answer_Tone*）和业绩说明会互动（*Exchange*）的系数均显著为正，业绩说明会语调与网络新闻舆论显著相关。

表 5 - 9 按机构投资者持股比例分组

变量	机构投资者持股比例较低组			机构投资者持股比例较高组		
	（1）	（2）	（3）	（4）	（5）	（6）
	*News*3	*News*3	*News*3	*News*3	*News*3	*News*3
Ask_Tone	0.094 * (1.777)			0.128 *** (2.868)		
Answer_Tone		0.097 *** (2.910)			0.110 *** (3.561)	
Exchange			0.112 ** (2.192)			0.151 *** (3.110)
Size	0.017 * (1.787)	0.017 * (1.860)	0.017 * (1.849)	-0.005 (-0.575)	-0.004 (-0.446)	-0.004 (-0.452)
Lev	-0.064 (-1.346)	-0.069 (-1.445)	-0.069 (-1.445)	0.016 (0.333)	0.017 (0.351)	0.015 (0.304)
Roa	1.019 *** (6.119)	0.992 *** (5.970)	1.008 *** (6.061)	0.751 *** (4.451)	0.749 *** (4.466)	0.749 *** (4.464)
Grow	0.015 (0.844)	0.014 (0.838)	0.015 (0.860)	0.037 ** (2.257)	0.037 ** (2.275)	0.038 ** (2.317)
ST	-0.115 *** (-3.147)	-0.112 *** (-3.070)	-0.113 *** (-3.112)	-0.139 *** (-2.600)	-0.140 *** (-2.604)	-0.142 *** (-2.627)
Sue	0.017 (0.780)	0.016 (0.769)	0.016 (0.754)	0.011 (0.587)	0.011 (0.570)	0.011 (0.564)
Beta	0.004 (0.117)	0.004 (0.116)	0.004 (0.119)	0.074 ** (2.549)	0.075 ** (2.569)	0.074 ** (2.546)
Mb	-0.001 (-0.517)	-0.000 (-0.294)	-0.001 (-0.331)	-0.004 ** (-2.258)	-0.004 ** (-2.172)	-0.004 ** (-2.177)
Soe	-0.020 (-1.062)	-0.016 (-0.829)	-0.018 (-0.948)	-0.003 (-0.191)	-0.004 (-0.221)	-0.005 (-0.273)

变量	机构投资者持股比例较低组			机构投资者持股比例较高组		
	(1)	(2)	(3)	(4)	(5)	(6)
	News3	News3	News3	News3	News3	News3
Top1	0.043 (0.639)	0.028 (0.415)	0.035 (0.512)	−0.052 (−0.740)	−0.068 (−0.967)	−0.066 (−0.945)
Balance	−0.024* (−1.721)	−0.027* (−1.940)	−0.026* (−1.850)	−0.012 (−0.926)	−0.014 (−1.100)	−0.014 (−1.091)
BoardSize	0.007 (1.270)	0.007 (1.293)	0.007 (1.277)	−0.002 (−0.510)	−0.002 (−0.461)	−0.002 (−0.431)
IndDir	0.090 (0.581)	0.094 (0.603)	0.093 (0.600)	−0.192 (−1.325)	−0.196 (−1.358)	−0.197 (−1.362)
Constant	−0.152 (−0.664)	−0.274 (−1.207)	−0.295 (−1.285)	0.182 (0.891)	0.048 (0.235)	0.002 (0.008)
Industry	Control	Control	Control	Control	Control	Control
Year	Control	Control	Control	Control	Control	Control
样本量	5,954	5,954	5,954	5,950	5,950	5,950
调整后的 R^2	0.038	0.039	0.038	0.050	0.051	0.050

注： ***、**、* 分别表示1%、5%、10%统计水平显著。

本章还按照机构投资者持股比例中位数分组，考察业绩说明会语调与股票贴吧舆论的关系。实证结果（未报告）表明，在机构投资者持股比例较低组和机构投资者持股比例较高组，投资者语调（Ask_Tone）、管理层语调（Answer_Tone）和业绩说明会互动（Exchange）的系数均显著为正，业绩说明会语调与股票贴吧舆论显著相关。

4. 按会计信息质量分组

本章按照会计信息质量的中位数分为会计信息质量较差组和会计信息质量较好组，考察不同会计信息质量情况下，业绩说明会与媒体传播的关系是否存在差异。本章借鉴科塔里等（Kothari et al.，2005）的方法，计算可操纵应计利润绝对值，衡量会计信息质量。表5-10的实证结果显示，在会计信息质量较差组和会计信息质量较好组，投资者语调（Ask_Tone）、管理层语调（Answer_Tone）和业绩说明会互动（Exchange）的系数均显著为正，业绩说明会语调与网络新闻舆论显著相关。

表 5 – 10　　　　　　　　　　　　按会计信息质量分组

变量	会计信息质量较差组			会计信息质量较好组		
	（1）	（2）	（3）	（4）	（5）	（6）
	*News*3	*News*3	*News*3	*News*3	*News*3	*News*3
Ask_Tone	0.156 *** （3.284）			0.084 * （1.669）		
Answer_Tone		0.091 *** （2.812）			0.118 *** （3.722）	
Exchange			0.106 ** （2.124）			0.160 *** （3.228）
Size	0.019 ** （2.127）	0.019 ** （2.115）	0.019 ** （2.115）	0.010 （1.115）	0.011 （1.343）	0.011 （1.339）
Lev	− 0.013 （− 0.267）	− 0.013 （− 0.271）	− 0.014 （− 0.290）	− 0.066 （− 1.357）	− 0.069 （− 1.423）	− 0.071 （− 1.470）
Roa	1.079 *** （5.792）	1.103 *** （5.970）	1.112 *** （6.013）	0.890 *** （5.766）	0.858 *** （5.579）	0.864 *** （5.606）
Grow	0.025 （1.558）	0.026 （1.637）	0.027 * （1.676）	0.031 * （1.742）	0.030 * （1.694）	0.031 * （1.727）
ST	− 0.182 *** （− 4.213）	− 0.184 *** （− 4.262）	− 0.185 *** （− 4.298）	− 0.094 ** （− 2.337）	− 0.091 ** （− 2.242）	− 0.092 ** （− 2.268）
Sue	− 0.001 （− 0.062）	− 0.002 （− 0.107）	− 0.003 （− 0.138）	0.035 * （1.714）	0.034 * （1.694）	0.035 * （1.709）
Beta	0.025 （0.814）	0.027 （0.867）	0.026 （0.850）	0.039 （1.244）	0.037 （1.183）	0.037 （1.179）
Mb	− 0.002 （− 0.941）	− 0.001 （− 0.847）	− 0.001 （− 0.858）	− 0.001 （− 0.891）	− 0.001 （− 0.637）	− 0.001 （− 0.657）
Soe	− 0.003 （− 0.167）	− 0.004 （− 0.239）	− 0.006 （− 0.330）	− 0.002 （− 0.131）	0.003 （0.151）	0.001 （0.065）
*Top*1	− 0.010 （− 0.147）	− 0.020 （− 0.286）	− 0.016 （− 0.225）	− 0.023 （− 0.340）	− 0.046 （− 0.685）	− 0.043 （− 0.628）
Balance	− 0.012 （− 0.882）	− 0.013 （− 1.001）	− 0.012 （− 0.943）	− 0.011 （− 0.794）	− 0.014 （− 1.078）	− 0.014 （− 1.037）
BoardSize	− 0.003 （− 0.648）	− 0.003 （− 0.597）	− 0.003 （− 0.605）	0.005 （1.052）	0.005 （1.041）	0.005 （1.049）

续表

变量	会计信息质量较差组			会计信息质量较好组		
	（1）	（2）	（3）	（4）	（5）	（6）
	News3	News3	News3	News3	News3	News3
IndDir	−0.317 ** (−2.134)	−0.325 ** (−2.188)	−0.325 ** (−2.185)	0.129 (0.845)	0.134 (0.884)	0.133 (0.871)
Constant	−0.040 (−0.182)	−0.170 (−0.779)	−0.195 (−0.879)	−0.141 (−0.639)	−0.279 (−1.279)	−0.322 (−1.459)
Industry	Control	Control	Control	Control	Control	Control
Year	Control	Control	Control	Control	Control	Control
样本量	5,952	5,952	5,952	5,952	5,952	5,952
调整后的 R^2	0.046	0.045	0.045	0.046	0.048	0.047

注：***、**、* 分别表示1%、5%、10%统计水平显著。

本章还按照会计信息质量中位数分组，考察业绩说明会语调与股票贴吧舆论的关系。实证结果（未报告）表明，在会计信息质量较差组和会计信息质量较好组，投资者语调（Ask_Tone）、管理层语调（Answer_Tone）和业绩说明会互动（Exchange）的系数均显著为正，业绩说明会语调与股票贴吧舆论显著相关。

5.4.4　稳健性检验

1. 区分投资者积极和消极语调

在主回归分析中，投资者语调为净语调，等于（积极语调提问的数量 − 消极语调提问的数量)/总提问数量。本章将投资者语调划分为积极语调和消极语调，分析不同情感极性下，投资者语调与媒体传播的关系。投资者积极语调（Ask_Pos）等于积极语调提问的数量除以总提问数量，投资者消极语调（Ask_Neg）等于消极语调提问的数量除以总提问数量。

实证结果如表5－11所示。第（1）列和第（3）列为投资者积极语调与媒体传播的实证结果，投资者积极语调（Ask_Pos）变量的系数显著为正，表明投资者语调越积极，网络新闻、股票贴吧越呈现正面舆论。第（2）列和第（4）列为投资者消极语调与媒体传播的实证结果，投资者消极语调（Ask_Neg）变量的系数显著为负，表明投资者语调越积极，网络新闻、股票贴吧越呈现负面舆论。

表 5 – 11　　　　　　　　　　区分投资者积极和消极语调

变量	（1） *News*3	（2） *News*3	（3） *Post*3	（4） *Post*3
Ask_Pos	0. 209 *** （3. 015）		0. 304 *** （13. 268）	
Ask_Neg		– 0. 232 *** （ – 3. 763）		– 0. 158 *** （ – 8. 114）
Size	0. 013 ** （2. 086）	0. 013 ** （2. 122）	– 0. 006 *** （ – 3. 216）	– 0. 006 *** （ – 3. 015）
Lev	– 0. 030 （ – 0. 877）	– 0. 031 （ – 0. 918）	– 0. 014 （ – 1. 401）	– 0. 019 * （ – 1. 898）
Roa	0. 992 *** （8. 529）	0. 991 *** （8. 536）	0. 085 ** （2. 466）	0. 103 *** （2. 975）
Grow	0. 029 ** （2. 463）	0. 029 ** （2. 456）	0. 005 （1. 392）	0. 006 * （1. 667）
ST	– 0. 137 *** （ – 4. 666）	– 0. 136 *** （ – 4. 607）	0. 002 （0. 256）	– 0. 000 （ – 0. 000）
Sue	0. 013 （0. 931）	0. 013 （0. 904）	0. 009 * （1. 913）	0. 008 * （1. 694）
Beta	0. 035 （1. 609）	0. 036 （1. 638）	– 0. 008 （ – 1. 247）	– 0. 008 （ – 1. 184）
Mb	– 0. 002 （ – 1. 388）	– 0. 002 （ – 1. 402）	– 0. 001 （ – 1. 583）	– 0. 001 （ – 1. 404）
Soe	– 0. 003 （ – 0. 226）	– 0. 003 （ – 0. 243）	– 0. 009 ** （ – 2. 363）	– 0. 013 *** （ – 3. 407）
*Top*1	– 0. 010 （ – 0. 201）	– 0. 011 （ – 0. 223）	0. 047 *** （3. 318）	0. 050 *** （3. 540）
Balance	– 0. 010 （ – 1. 115）	– 0. 011 （ – 1. 132）	0. 009 *** （3. 216）	0. 010 *** （3. 482）
BoardSize	0. 001 （0. 317）	0. 001 （0. 343）	0. 001 （1. 184）	0. 001 （1. 285）

续表

变量	（1）	（2）	（3）	（4）
	News3	News3	Post3	Post3
IndDir	− 0.087 （− 0.824）	− 0.085 （− 0.805）	0.084 *** （2.621）	0.082 ** （2.553）
Constant	− 0.178 （− 1.153）	0.025 （0.158）	0.163 *** （3.490）	0.321 *** （6.514）
Industry	Control	Control	Control	Control
Year	Control	Control	Control	Control
样本量	11,904	11,904	11,789	11,789
调整后的 R^2	0.047	0.048	0.087	0.077

注：*** 、** 、* 分别表示1%、5%、10%统计水平显著。

2. 区分管理层积极和消极语调

在主回归分析中，管理层语调为净语调，等于（积极语调回复的数量 − 消极语调回复的数量）/总回复数量。本章将管理层语调划分为积极语调和消极语调，分析不同情感极性下，管理层语调与媒体传播的关系。管理层积极语调（Answer_Pos）等于积极语调回复的数量除以总回复数量，管理层消极语调（Answer_Neg）等于消极语调回复的数量除以总回复数量。

实证结果如表5 − 12所示。第（1）列和第（3）列为管理层积极语调与媒体传播的实证结果，管理层积极语调（Answer_Pos）变量的系数显著为正，表明管理层语调越积极，网络新闻、股票贴吧越呈现正面舆论。第（2）列和第（4）列为管理层消极语调与媒体传播的实证结果，管理层消极语调（Answer_Neg）变量的系数显著为负，表明管理层语调越积极，网络新闻、股票贴吧越呈现负面舆论。

表5 − 12　　　　　　　　区分管理层积极和消极语调

变量	（1）	（2）	（3）	（4）
	News3	News3	Post3	Post3
Answer_Pos	0.159 *** （4.262）		0.049 *** （4.378）	

变量	（1） News3	（2） News3	（3） Post3	（4） Post3
Answer_Neg		−0.263 *** （−4.976）		−0.060 *** （−3.803）
Size	0.014 ** （2.234）	0.014 ** （2.273）	−0.006 *** （−2.896）	−0.006 *** （−2.889）
Lev	−0.033 （−0.968）	−0.034 （−0.982）	−0.021 ** （−2.089）	−0.022 ** （−2.115）
Roa	0.980 *** （8.468）	0.975 *** （8.432）	0.108 *** （3.134）	0.110 *** （3.179）
Grow	0.029 ** （2.472）	0.029 ** （2.472）	0.007 * （1.829）	0.007 * （1.863）
ST	−0.135 *** （−4.569）	−0.135 *** （−4.588）	−0.002 （−0.236）	−0.002 （−0.318）
Sue	0.013 （0.905）	0.012 （0.856）	0.008 * （1.647）	0.007 （1.603）
Beta	0.035 （1.603）	0.036 （1.628）	−0.008 （−1.254）	−0.008 （−1.233）
Mb	−0.001 （−1.142）	−0.001 （−1.169）	−0.000 （−1.047）	−0.000 （−1.108）
Soe	−0.001 （−0.069）	−0.001 （−0.092）	−0.014 *** （−3.668）	−0.014 *** （−3.839）
Top1	−0.026 （−0.530）	−0.025 （−0.520）	0.048 *** （3.389）	0.050 *** （3.516）
Balance	−0.013 （−1.408）	−0.013 （−1.359）	0.010 *** （3.364）	0.010 *** （3.513）
BoardSize	0.001 （0.383）	0.001 （0.366）	0.001 （1.305）	0.001 （1.276）
IndDir	−0.087 （−0.820）	−0.086 （−0.816）	0.079 ** （2.461）	0.079 ** （2.457）

续表

变量	（1）News3	（2）News3	（3）Post3	（4）Post3
Constant	− 0. 277 * （− 1. 775）	− 0. 102 （− 0. 666）	0. 164 *** （3. 422）	0. 212 *** （4. 486）
Industry	Control	Control	Control	Control
Year	Control	Control	Control	Control
样本量	11, 904	11, 904	11, 789	11, 789
调整后的 R^2	0. 048	0. 048	0. 073	0. 073

注：*** 、** 、* 分别表示1%、5%、10%统计水平显著。

3. 考虑会计准则的影响

财政部于 2006 年出台新会计准则，并在 2007 年开始实施。新会计准则的实施可能对信息质量产生影响。本章考虑会计准则的影响，剔除 2007 年以前的样本，重新进行实证分析，实证结果如表 5 – 13 所示。由于股票贴吧的样本自 2007 ~ 2016 年，已经考虑了会计准则的影响，因此本章在该稳健性检验时，只分析业绩说明会语调与网络新闻舆论的关系。实证结果显示，投资者语调（Ask_Tone）、管理层语调（Answer_Tone）、业绩说明会互动（Exchange）的系数均显著为正，稳健性检验支持本章的研究结论。

表 5 – 13　　　　　　　　　　考虑会计准则的影响

变量	（1）News3	（2）News3	（3）News3
Ask_Tone	0. 124 *** （3. 588）		
Answer_Tone		0. 106 *** （4. 654）	
Exchange			0. 134 *** （3. 794）
Size	0. 012 ** （1. 966）	0. 013 ** （2. 107）	0. 013 ** （2. 100）

续表

变量	（1）	（2）	（3）
	News3	News3	News3
Lev	− 0. 028 （− 0. 806）	− 0. 031 （− 0. 895）	− 0. 032 （− 0. 932）
Roa	1. 023 *** （8. 717）	1. 011 *** （8. 658）	1. 020 *** （8. 725）
Grow	0. 028 ** （2. 366）	0. 029 ** （2. 391）	0. 029 ** （2. 439）
ST	− 0. 136 *** （− 4. 614）	− 0. 135 *** （− 4. 553）	− 0. 136 *** （− 4. 600）
Sue	0. 016 （1. 085）	0. 015 （1. 046）	0. 015 （1. 034）
Beta	0. 037 * （1. 664）	0. 037 * （1. 656）	0. 037 * （1. 652）
Mb	− 0. 002 （− 1. 432）	− 0. 001 （− 1. 168）	− 0. 001 （− 1. 193）
Soe	− 0. 001 （− 0. 069）	0. 001 （0. 075）	− 0. 001 （− 0. 052）
Top1	− 0. 018 （− 0. 366）	− 0. 033 （− 0. 680）	− 0. 029 （− 0. 594）
Balance	− 0. 011 （− 1. 132）	− 0. 013 （− 1. 400）	− 0. 012 （− 1. 325）
BoardSize	0. 001 （0. 352）	0. 001 （0. 405）	0. 001 （0. 404）
IndDir	− 0. 108 （− 1. 013）	− 0. 109 （− 1. 026）	− 0. 110 （− 1. 030）
Constant	0. 026 （0. 178）	− 0. 118 （− 0. 824）	− 0. 153 （− 1. 056）
Industry	Control	Control	Control
Year	Control	Control	Control
样本量	11, 789	11, 789	11, 789
调整后的 R^2	0. 048	0. 049	0. 048

注：***、**、*分别表示1%、5%、10%统计水平显著。

4. 使用年内第一次召开业绩说明会样本

部分上市公司在同一年内举行两次或以上业绩说明会，本章仅保留年内第一次召开业绩说明会的样本，然后重新进行实证分析。实证结果如表 5 – 14 所示。投资者语调（Ask_Tone）、管理层语调（Answer_Tone）、业绩说明会互动（Exchange）的系数均显著为正，稳健性检验支持本章的研究结论。

表 5 – 14　　　　　　　　使用年内第一次召开业绩说明会样本

变量	(1) News3	(2) News3	(3) News3	(4) Post3	(5) Post3	(6) Post3
Ask_Tone	0.180 *** (4.607)			0.096 *** (7.648)		
Answer_Tone		0.099 *** (3.988)			0.034 *** (4.637)	
Exchange			0.129 *** (3.327)			0.054 *** (4.656)
Size	0.017 ** (2.464)	0.017 ** (2.495)	0.017 ** (2.490)	− 0.007 *** (− 3.226)	− 0.007 *** (− 3.220)	− 0.007 *** (− 3.204)
Lev	− 0.043 (− 1.142)	− 0.051 (− 1.338)	− 0.051 (− 1.363)	− 0.021 * (− 1.879)	− 0.025 ** (− 2.263)	− 0.025 ** (− 2.281)
Roa	0.915 *** (7.311)	0.919 *** (7.379)	0.928 *** (7.442)	0.097 *** (2.635)	0.106 *** (2.875)	0.107 *** (2.899)
Grow	0.031 ** (2.370)	0.033 ** (2.528)	0.033 ** (2.559)	0.008 ** (2.119)	0.009 ** (2.425)	0.010 ** (2.445)
ST	− 0.135 *** (− 4.338)	− 0.138 *** (− 4.456)	− 0.139 *** (− 4.489)	− 0.002 (− 0.225)	− 0.005 (− 0.596)	− 0.005 (− 0.593)
Sue	0.028 * (1.781)	0.026 * (1.670)	0.026 * (1.659)	0.008 (1.628)	0.007 (1.439)	0.007 (1.424)
Beta	0.003 (0.139)	0.004 (0.151)	0.003 (0.144)	− 0.008 (− 1.125)	− 0.008 (− 1.097)	− 0.008 (− 1.103)
Mb	− 0.002 (− 1.482)	− 0.002 (− 1.235)	− 0.002 (− 1.250)	− 0.001 * (− 1.647)	− 0.001 (− 1.323)	− 0.001 (− 1.312)

续表

变量	（1）	（2）	（3）	（4）	（5）	（6）
	News3	News3	News3	Post3	Post3	Post3
Soe	0.006 (0.415)	0.004 (0.289)	0.002 (0.177)	− 0.017 *** (− 4.176)	− 0.019 *** (− 4.729)	− 0.019 *** (− 4.766)
Top1	− 0.018 (− 0.342)	− 0.026 (− 0.491)	− 0.022 (− 0.421)	0.053 *** (3.424)	0.053 *** (3.421)	0.053 *** (3.413)
Balance	− 0.009 (− 0.891)	− 0.010 (− 0.988)	− 0.010 (− 0.934)	0.010 *** (3.184)	0.010 *** (3.241)	0.010 *** (3.220)
BoardSize	0.003 (0.668)	0.003 (0.739)	0.003 (0.754)	0.001 (0.967)	0.001 (1.060)	0.001 (1.090)
IndDir	− 0.098 (− 0.848)	− 0.104 (− 0.900)	− 0.104 (− 0.901)	0.096 *** (2.767)	0.092 *** (2.640)	0.092 *** (2.646)
Constant	− 0.086 (− 0.495)	− 0.234 (− 1.359)	− 0.274 (− 1.570)	0.263 *** (5.049)	0.189 *** (3.638)	0.169 *** (3.226)
Industry	Control	Control	Control	Control	Control	Control
Year	Control	Control	Control	Control	Control	Control
样本量	9,764	9,764	9,764	9,694	9,694	9,694
调整后的 R^2	0.051	0.050	0.050	0.107	0.103	0.103

注：*** 、** 、* 分别表示 1% 、5% 、10% 统计水平显著。

此外，本章还做了如下稳健性检验，实证结果基本保持不变：

①选择其他事件窗口，如 [1，30]、[1，40]、[1，50] 等事件窗口。

②按照主板、中小板、创业板上市公司，分别进行回归分析。

③控制业绩说明会的提问数量。

④控制业绩说明会的举行时间，包括业绩说明会举行日与年度报告披露日之间的天数，业绩说明会举行日与当年资产负债表日之间的天数。

5.5　本　章　小　结

由于存在着各种各样的信息摩擦，资本市场并不是完全有效（DeFond and

Park，2001）。媒体改变了信息传递模式（Kothari et al.，2009），影响信息传递效率（Tetlock，2010）。一方面，媒体能够及时传播公司披露的信息，使得更多、更广范围的投资者获得信息，减少信息摩擦。另一方面，媒体对信息进行再包装，产生更多新的消息。

本章从语调的角度，探讨业绩说明会与媒体传播之间的关系。研究发现：第一，业绩说明会语调与网络新闻舆论显著相关。投资者语调、管理层越积极（消极），网络新闻舆论越正面（负面）；业绩说明会互动促进了正面的网络新闻舆论。第二，业绩说明会语调与股票贴吧舆论显著相关。投资者语调、管理层越积极（消极），股票贴吧舆论越正面（负面）；业绩说明会互动促进了正面的股票贴吧舆论。第三，媒体传播（网络新闻、股票贴吧）在业绩说明会语调的市场反应中起着部分中介作用。

本章进一步分析在不同情境下，业绩说明会语调与媒体传播之间的关系，包括经营业绩好坏、股利分配高低、机构投资者持股比例高低、会计信息质量高低。研究发现，在这些分组中，业绩说明会与媒体传播之间均存在显著关系。这表明，媒体作为照射社会真实的一面镜子，以公平的视角，对业绩说明会进行跟踪，通过信息挖掘和信息传播，努力将业绩说明会的信息公平、完整地展现给投资者。另外，第 4 章的分组检验结果表明，当企业总资产收益率较低、股利分配率较少、机构投资者持股比例较低、会计信息质量较差时，管理层通过业绩说明会交流，促进投资者对上市公司的了解，市场给予正向的反应。综合第 4 章和第 5 章的分组检验结果，侧面证明了业绩说明会发挥着改善投资者关系的作用，实现公司价值和股东财富最大化。

本章还做了系列稳健性检验，包括区分投资者积极和消极语调、区分管理层积极和消极语调、考虑会计准则的影响、使用年内第一次召开业绩说明会样本等，研究结论基本保持不变。

本章的研究具有一定的意义：

第一，本章从媒体传播的角度考察业绩说明会的作用机制，丰富了业绩说明会的研究。现有文献主要探讨盈余电话会议、业绩说明会的经济后果，如市场反应（Kimbrough，2005；Hollander et al.，2010；Kimbrough and Louis，2011；Matsumoto et al.，2011；林乐和谢德仁，2016）、分析师预测和跟踪（Bowen et al.，2002；Mayew，2008；Mayew et al.，2013；Soltes，2014；Solomon and Soltes，2015；林乐和谢德仁，2017），鲜见从信息传播的角度，分析业绩说明会有效性的作用机制。本章实证分析了业绩说明会与网络传播，发现业绩说明会通过网络新闻、股票贴吧等方式进行信息传播，丰富了业绩说明会的文献。

　　第二，本章的研究丰富了互联网背景下的媒体的研究。已有研究从不同角度探讨了媒体的经济后果，如资产定价（Fang and Peress，2009；Tetlock，2007，2011；Chen et al.，2013；游家兴和吴静，2012）、媒体治理（Liu and McConnell，2013；Luo et al.，2013；Dai et al.，2015；李培功和沈艺峰，2010；权小锋和吴世农，2010；徐莉萍等，2011；杨德明和赵璨，2012；杨道广等，2017）等，但是缺少关于媒体信息形成机理的研究。正如田高良等（2016）所述，了解网络媒体信息产生、传播、作用的机理，可以较好地补充和拓展现有文献。本章发现，业绩说明会作为一种重要的自愿性信息披露方式，对媒体信息有一定的影响。本章探索了企业信息如何被媒体收集、整理和传播的机理，丰富了互联网背景下的媒体的研究。

第6章 业绩说明会与股权资本成本：基于语调的视角

6.1 问题的提出

投资者关系管理是西方发达国家资本市场成熟的产物。随着我国经济快速发展，资本市场日趋成熟，投资者关系管理越来越受到市场的重视。中国证监会颁布系列文件，将投资者关系管理提升到公司治理的层次，为投资者关系管理奠定了良好的制度基础，2003年7月30日，证监会颁布《关于推动上市公司加强投资者关系管理工作的通知》；2005年7月1日，证监会颁布《上市公司与投资者关系工作指引》。这些制度明确投资者关系管理的目的，加强上市公司与投资者之间的沟通与理解，建立稳定的投资者基础，获得长期的市场支持，实现公司价值和股东财富最大化。业绩说明会作为一种互动方式的投资者关系管理活动，是否有助于实现公司价值和股东财富最大化，仍然有待实证检验。

已有研究发现，盈余电话会议、业绩说明会能增加信息含量，引起市场反应（Kimbrough，2005；Hollander et al.，2010；Kimbrough and Louis，2011；Matsumoto et al.，2011；林乐和谢德仁，2016），影响分析师预测和跟踪（Bowen et al.，2002；Mayew，2008；Mayew et al.，2013；Soltes，2014；Solomon and Soltes，2015；林乐和谢德仁，2017）。但是这些文献主要从短期的角度，分析业绩说明会的有效性，缺少从中长期的角度分析业绩说明会有效性的研究。

股权资本成本是公司财务的核心概念之一，它直接影响着企业价值。股权资本成本贯穿整个公司财务政策制定过程，是融资、投资、股利分配的重要评价标准。并且，从宏观层面来看，股权资本成本引导资源有效配置，是衡量资本市场发展水平的重要指标（Francis et al.，2004；Chen et al.，2016；沈艺峰等，2005）。马连福等（2008）、刘善敏等（2008）发现，投资者关系管理水平与股权资本成本显著负相关。各位学者的研究通过构建投资者关系管理综合指数，评价上市公司投资者关系管理水平及其经济后果，没有深入考察投资者关系管理活动对股权资本成本的影响与机理，特别是互联网背景下的投资者关系管理活动。

　　基于上述分析，本章从语调的角度，分析业绩说明会与股权资本成本之间的关系。如图 6 - 1 所示，具体的，本章的研究问题包括：第一，投资者语调与股权资本成本的关系（H6 - 1）；第二，管理层语调与股权资本成本的关系（H6 - 2）；第三，业绩说明会互动与股权资本成本的关系（H6 - 3）。本章进一步分析不同情境下业绩说明会与股权资本成本之间的关系，包括经营业绩好坏、股利分配高低、机构投资者持股比例高低、会计信息质量高低。

　　本章的后续安排如下：6.2 节为理论分析与研究假设，6.3 节为研究设计，6.4 节为实证结果与分析，6.5 节为结论。

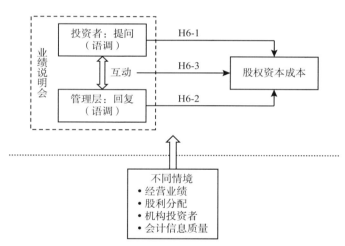

图 6 - 1　业绩说明会与股权资本成本

6.2　理论分析与研究假设

　　股权资本成本是公司财务的核心概念之一，它是投资者承担风险所要求的报酬。风险源于双方交易前、后融资方的行为。交易双方之间的信息不对称是影响股权资本成本的重要因素。大量研究表明，信息披露能显著降低股权资本成本。各位学者从不同类型信息的视角进行了分析，如自愿信息披露（Botosan，1997；Zhang and Ding，2006；Bertomeu et al.，2011；曾颖和陆正飞，2006；李慧云和刘镝，2016）、管理层业绩预告（董南雁等，2017）、社会责任报告（孟晓俊等，2010；李姝等，2013）、环境信息（何玉，2014；叶陈刚等，2015）、审计报告（于李胜等，2008；王春飞等，2013）等。在业绩说明会中，投资者就公司的发展战略、财务状况、经营业绩、未来发展可能面临的困难等各方面内容进行提问，上市公司管理层回复投资者提问。业绩说明会是否有助于降低股权资本成本，目前尚没有文献进行检验。本章基于业绩说明会的文本记录，从投资者语调、管理层语调、业绩说明会互动三个维度，分析业绩说明会与股权资本成本的关系。

第 4 章的理论分析和实证检验表明，从短期来看，市场对投资者语调给予及时的反应，投资者积极（消极）语调与股票收益率显著正（负）相关。但是从中长期来看，投资者语调具有监督功能，能够影响管理层行为，进而影响股权资本成本。

首先，投资者通过消极语调质疑管理层，投资者的消极语调具有施事行为。言语行为理论认为，言语交际的目的是，用词或句实施行为，即言语具有话语施事行为和话语施效行为。在业绩说明会中，投资者使用质疑的语气（消极语调）提问，投资者的提问作出了话语施事行为和话语施效行为，既表达了投资者的不满，也对管理层提出了改善的期望和要求。当管理层感受到投资者语调较为消极时，管理层可能主动改善和提高信息披露质量。并且，投资者的提问有助于管理层针对性的提高信息质量。管理层可能不知道某些信息对投资者是重要的。当投资者提问时，管理层意识到这些信息的重要性，可能在业绩说明会中主动披露，或者在业绩说明会结束之后完善和补充信息披露。例如，在业绩说明会中，投资者质疑上市公司网站信息没有及时更新，管理层表达了在业绩说明会后督促相关人员跟进问题。

其次，投资者的消极语调可以形成网络负面舆论。投资者在业绩说明会中质疑公司经营、公司治理的问题。由于业绩说明会的开放性，其他投资者能够阅读已经提问的问题。网络中每个人既是信息的接收者，也是信息的传播者，信息传播以几何级数迅速增加。投资者在各类信息平台中发表、传递自己的观点、态度，迅速形成网络舆论。第 5 章的理论分析和实证研究发现，媒体加快了信息传播速度和范围，并且对信息进行再包装，产生更多新的消息。业绩说明会语调与媒体传播舆论显著相关，投资者语调越消极，媒体（网络新闻、股票贴吧）的负面舆论越多。

网络负面舆论致使管理层社会声誉和职业声誉遭受双重损失。管理层为了经理人市场的职业前途、社会声誉，管理层不得不向股东目标函数趋同，减少对其他利益相关者的侵害。这促使他们更加关注投资者的提问（特别是投资者的质疑、消极语调的提问），并以实际行为提高信息披露质量，降低企业经营风险。研究发现，媒体负面舆论显著降低信息不对称，保护中小投资者利益（胡芳，2015）。并且，上市公司连续多年举行业绩说明会，管理层与投资者之间的互动属于动态重复博弈，进一步加强了投资者语调的监督功能。

综上分析，从中长期来看，投资者语调具有监督功能，投资者通过消极语调质疑管理层。投资者消极语调既表达了投资者的不满，也对管理层提出了改善的期望和要求；投资者的提问有助于管理层针对性的提高信息质量。投资者消极语调形成网络负面舆论，影响管理层的声誉，迫使管理层重视投资者的提问，提高信息披露质量，降低股权资本成本。并且，上市公司连续多年举行业绩说明会，管理层与投资者之间的互动属于动态重复博弈，加强了投资者语调的监督功能。因此，提出本章的假设 6-1。

假设 6-1：在其他条件不变的情况下，投资者消极语调与股权资本成本显著负相关。

管理层积极语调表达了其对公司良好的内部管理流程、健全的信息披露制度的信心。言语交际模型认为，管理层的发言受到其所处的环境、经历、态度的影响。由于业绩说明会时间通常为 2 小时，投资者提问数量比较多，管理层需要在短时间内回复投资者提问，他们的精神比较紧张，在此情况下回复，心理学上认为，较大程度上是内心意思的真实表示。由于所在公司的内部管理流程较为完善，信息披露制度健全，管理层比较乐观和有信心，使用积极语调回复投资者的提问。良好的内部管理流程、健全的信息披露制度，有助于降低股权资本成本。

管理层积极语调有助于提高投资者认知程度，帮助投资者形成公司质量的判断，增加预测未来收益的准确性。由于言语表达更加微妙，当盈余数字信息有噪音时，管理层的言语可以对盈余信息进行补充。在业绩说明会举行的过程中，管理层与投资者的互动会导致螺旋式的动态披露过程，管理层语调与管理层对公司盈余预期在一定程度上是一致的。管理层向投资者传递更多关于公司的积极信息，给予投资者"将当前状态、计划行动和预期成果的因果联系起来"[①] 的印象（Sedor，2002）。林乐和谢德仁（2017）发现，管理层积极语调提高了分析师更

[①] 原文为 "causal orderings that link current states, planned actions, and anticipated future outcomes"。

新荐股可能性和荐股评级。

综上分析，一方面，管理层积极语调表达了其对公司良好的内部管理流程、健全的信息披露制度的信心，以及表达其积极进取、努力改进的态度，有助于降低企业风险，提升公司业绩。另一方面，管理层积极语有助于提高投资者认知程度，帮助投资者形成公司质量的判断，增加预测未来收益的准确性。因此，提出本章的假设 6 - 2。

假设 6 - 2：在其他条件不变的情况下，管理层积极语调与股权资本成本显著负相关。

投资者关系管理是上市公司通过信息披露和交流，加强上市公司与投资者之间的沟通，促进投资者对公司的了解和熟悉，实现公司价值最大化的一项战略管理行为（NIRI，2011；李心丹等，2006）。布舍尔和米勒（Bushee and Miller，2012）认为，投资者关系管理具有沟通职能、信息职能和组织职能。权小锋等（2016）使用李心丹等（2006）的投资者关系管理指数衡量上市公司投资者关系管理水平，研究发现，投资者关系的信息职能和组织职能与股价崩盘风险显著负相关。但是，权小锋等（2016）没有发现投资者关系的沟通职能与股价崩盘风险显著相关。本章认为，可能的原因是，该研究在总体上考察投资者关系管理水平的经济后果，没有在合适的场景下分析沟通职能的效果。本章研究业绩说明会的互动场景，实证分析投资者关系沟通职能的经济后果。

业绩说明会是一种互动方式的投资者关系管理活动。管理层通过言语，改变投资者消极看法，积极引导投资者，是业绩说明会作用的重要体现。例如，当公司经营业绩比较差，或者股利分配比较低时，投资者可能在业绩说明会中质疑上市公司的经营和管理。管理层解释过去经营业绩比较差、股利分配比较低的原因（比如，经济危机、重大的投资项目需要资金），对公司经营现状和未来发展计划进行相对深入地沟通，积极引导投资者。管理层通过解释和展望未来，有助于促进良性沟通，增加投资者对上市公司的了解和熟悉。业绩说明会的互动和沟通，提高了投资者认知程度，帮助投资者形成公司质量的判断，增加预测未来收益的准确性，有助于降低股权资本成本。研究发现，投资者关系管理水平与股权资本成本显著负相关（马连福等，2008；刘善敏等，2008）。布朗等（2004）发现，从长期来看，盈余电话会议可以降低与投资者之间的信息不对称，降低股权资本成本。因此，提出本章的假设 6 - 3。

假设 6 - 3：在其他条件不变的情况下，业绩说明会互动与股权资本成本显著负相关。

6.3　研 究 设 计

6.3.1　数据来源与样本选择

业绩说明会数据来自投资者关系互动平台，利用 Python 爬取所有公司的业绩说明会文字数据，详细的数据搜集过程参见第 3 章 3.3 节"数据获得的技术路线"。本章的其他数据来自 CSMAR 数据库和 Wind 数据库。

本章研究样本为在投资者关系互动平台上召开业绩说明会的 A 股上市公司，样本期间为 2004～2016 年。依据第 3 章"数据获得的技术路线"，获得初选样本 18,564 场路演活动，剔除首次公开发行股票、并购重组、发行公司债、股权分置改革、致歉会、无法下载互动记录等路演活动，获得业绩说明会13,676 场。

本章对样本进行了如下处理：①剔除金融行业的样本；②剔除回归中变量值缺失的样本。由于计算股权资本成本需要用到分析师预测的数据，部分样本的分析师预测数据缺失，且需要连续两期的股权资本成本数据，因此本章最终研究样本为 8,133 个。本章对连续变量在 1% 的水平上进行 Winsorize 处理。

6.3.2　变量定义与模型设定

1. 变量定义

（1）投资者语调

本章计算投资者语调的过程如下：第一，使用 Python 调用百度 AI 开放平台的自然语言处理的情感倾向分析 API 接口，获得每一条投资者提问的情感极性分类结果，包括积极语调、中性语调和消极语调。第二，计算每场业绩说明会的提问数量（*Record_Num*）、积极语调的提问数量（*Pos_Num*）、消极语调的提问数量（*Neg_Num*）。第三，根据式（6-1）计算投资者语调（*Ask_Tone*）。

$$Ask\_Tone = (Pos\_Num - Neg\_Num)/Record\_Num \qquad (6-1)$$

为了第 4、5、6 章的研究设计一致，本章的投资者语调为净积极语调。变量*Ask_Tone* 的值越小，表明投资者语调越消极。当投资者语调（*Ask_Tone*）的值大于 0 时，表明投资者语调总体上表现为积极，当投资者语调（*Ask_Tone*）的值小于 0 时，表明投资者语调总体上表现为消极。

（2）管理层语调

本章计算管理层语调的过程如下：第一，使用 Python 调用百度 AI 开放平台的自然语言处理的情感倾向分析 API 接口，获得每一条管理层回复的情感极性分类结果，包括积极语调、中性语调和消极语调。第二，计算每场业绩说明会的回复数量（Record_Num）、积极语调的回复数量（Pos_Num）、消极语调的回复数量（Neg_Num）。第三，根据式（6 – 2）计算管理层语调（Answer_Tone）。

$$Answer\_Tone = (Pos\_Num - Neg\_Num)/Record\_Num \qquad (6-2)$$

管理层语调（Answer_Tone）的值越大，表明管理层语调越积极。当管理层语调（Answer_Tone）的值大于 0 时，表明管理层语调总体上表现为积极，当管理层语调（Answer_Tone）的值小于 0 时，表明管理层语调总体上表现为消极。

（3）业绩说明会互动

业绩说明会是一种互动方式的投资者关系管理活动。管理层通过言语，改变投资者消极看法，积极引导投资者，是业绩说明会作用的重要体现。本章认为，投资者消极语调的提问中，管理层积极回复的比例，能够较好地衡量业绩说明会互动的情况[①]。

本章计算业绩说明会互动情况的方法如下：第一，基于已经获得的投资者语调、管理层语调的情感极性分类，计算每场业绩说明会的投资者消极语调的提问数量（Ask_Neg_Num）。第二，计算每场业绩说明会中，投资者消极语调的提问得到管理层积极回复的数量（Answer_Pos_Num）。第三，根据式（6 – 3）计算业绩说明会互动情况（Exchange）。业绩说明会互动（Exchange）的值越大，表明管理层与投资者之间的互动情况较好。

$$Exchange = Answer\_Pos\_Num/Ask\_Neg\_Num \qquad (6-3)$$

（4）股权资本成本

学术界对股权资本成本的衡量主要分为事后股权资本成本、事前股权资本成本。事后股权资本成本主要是基于已经实现的股票价格、回报率进行计算，包括 CAPM 模型、Fama 三因子模型（Fama and French，1993，1997）等。由于用已经实现的股票回报数据测算期望的报酬率，得出的结果是事后的回报率。已有研究表明，事后股权资本成本往往不准确（Elton，1999）。

近年来，学者通常使用事前股权资本成本测量方法。我国主要使用 GLS 模型计算股权资本成本。GLS 模型由现金流贴现模型推导获得。GLS 模型需要未来多

---

　　① 本章曾考虑使用管理层回复投资者提问的比例来衡量业绩说明会互动。但是由于管理层回复投资者提问比例的中位数为 0.939，该指标差异性较小，可能不能有效衡量业绩说明会互动。

期的预测数据，在实际计算过程中，往往使用实际数值替代。毛新述等（2012）发现，国内使用 GLS 模型测算的股权资本成本效果并不理想，PEG 模型测算的股权资本成本能够更好地捕获各个风险因素。鉴于 PEG 模型使用效果较好，在国内外研究中普遍使用（Easton，2004；Ogneva et al.，2007；汪祥耀和叶正虹，2011；汪平等，2014）。因此，本章采用 PEG 模型计算股权资本成本，如式（6 - 4）所示。

$$Coe = \sqrt{\frac{EPS_{t+2} - EPS_{t+1}}{P_t}} \qquad (6-4)$$

其中，EPS_{t+1} 和 EPS_{t+2} 分别为分析师预测公司未来两期的每股盈余，P_t 为期末股价。考虑到股票市场价格的波动性，除期末股价外，本章同时使用期末前 30 个交易日平均收盘价来衡量。

2. 模型设定

（1）假设 6 - 1 的检验

本章构建下列模型检验假设 6 - 1：

$$\Delta Coe = \alpha_0 + \alpha_1 Ask\_Tone + \alpha_2 Control\_Variables + \varepsilon \qquad (6-5)$$

因变量为股权资本成本变化（$\Delta Coe1$ 和 $\Delta Coe2$），等于股权资本成本减去上期股权资本成本。$\Delta Coe1$ 和 $\Delta Coe2$ 的值越小，表明股权资本成本降低程度越大。

关键自变量为投资者语调（Ask_Tone）。为了第 4、5、6 章的研究设计一致，本章的投资者语调为净积极语调。变量 Ask_Tone 的值越小，表明投资者语调越消极。依据本章的假设 6 - 1，预期投资者语调（Ask_Tone）变量的系数显著为正。

$Control\_Variables$ 为控制变量。由于因变量为变化值（$\Delta Coe1$ 和 $\Delta Coe2$）时，模型的控制变量也使用变化值。本章控制了以下变量的变化值[①]：公司规模（$Size$）、资产负债率（Lev）、总资产收益率（Roa）、销售收入增长率（$Grow$）、ST 情况（ST）、未预期盈余（Sue）、贝塔系数（$Beta$）、市值账面比（Mb）、最终控制人性质（Soe）、第一大股东持股比例（$Top1$）、股权制衡（$Balance$）、董事会规模（$BoardSize$）、独立董事比例（$IndDir$）。此外，本章还控制行业虚拟变量（$Industry$）、年度虚拟变量（$Year$）。模型使用 OLS 回归方法。为了消除可能存在的异方差问题，在回归分析中使用 Robust 进行了调整。变量定义见表 6 - 1。

---

① 由于最终控制人性质变化的样本比较少，因此在模型中没有控制最终控制人性质（Soe）的变化。

表 6 - 1   主要变量定义

变量	定义
Coe1	基于期末股价的股权资本成本
Coe2	基于平均股价的股权资本成本
Ask_Tone	投资者语调，等于（积极语调提问的数量 - 消极语调提问的数量）/总提问数量
Answer_Tone	管理层语调，等于（积极语调回复的数量 - 消极语调回复的数量）/总回复数量
Exchange	业绩说明会互动，等于投资者消极语调的提问中，管理层积极回复的比例
Size	总资产规模，等于总资产的自然对数
Lev	资产负债率，等于总负债除以总资产
Roa	总资产收益率，等于净利润除以总资产
Grow	销售收入增长率，等于（当年营业收入 - 上年营业收入）/上年营业收入
ST	ST 情况，如果上市公司被 ST 或 *ST，则为 1，否则为 0
Sue	未预期盈余，等于第 t 年的每股收益减去第 $t-1$ 年的每股收益
Beta	贝塔系数
Mb	市值账面比，等于股票市场价值除以账面价值
Top1	第一大股东持股比例，等于上市公司第一大股东的持股比例
Balance	股权制衡，等于第二至第十大股东持股比例之和除以第一大股东持股比例
BoardSize	董事会规模，等于董事会人数
IndDir	独立董事比例，等于独立董事人数除以董事会人数
Industry	行业虚拟变量，如果样本属于某一行业则为 1，否则为 0。行业的划分标准参考证监会的 2012 年行业分类标准。其中，制造业取二级行业分类，其他行业取一级行业分类
Year	年度虚拟变量，如果样本属于某一年度则为 1，否则为 0

（2）假设 6 - 2 的检验

本章构建下列模型检验假设 6 - 2：

$$\Delta Coe = \alpha_0 + \alpha_1 Answer\_Tone + \alpha_2 Control\_Variables + \varepsilon \qquad (6-6)$$

因变量为股权资本成本变化（$\Delta Coe1$ 和 $\Delta Coe2$），等于股权资本成本减去上期股权资本成本。$\Delta Coe1$ 和 $\Delta Coe2$ 的值越小，表明股权资本成本降低程度越大。

关键自变量为管理层语调（Answer_Tone）。该值越大，表示管理层语调越积极。依据本章的假设 6 - 2，预期管理层语调（*Answer_Tone*）变量的系数显著为负。

Control_Variables 为控制变量，控制变量与模型（6 - 5）相同。模型使用 OLS 回归方法。为了消除可能存在的异方差问题，在回归分析中使用 Robust 进行了调整。变量定义见表 6 - 1。

（3）假设 6 - 3 的检验

本章构建下列模型检验假设 6 - 3：

$$\Delta Coe = \alpha_0 + \alpha_1 Exchange + \alpha_2 Control\_Variables + \varepsilon \qquad (6-7)$$

因变量为股权资本成本变化（$\Delta Coe1$ 和 $\Delta Coe2$），等于股权资本成本减去上期股权资本成本。$\Delta Coe1$ 和 $\Delta Coe2$ 的值越小，表明股权资本成本降低程度越大。

关键自变量为业绩说明会互动（*Exchange*）。该值越大，表明管理层与投资者之间的互动情况较好。依据本章的假设 6 - 3，预期业绩说明会互动（*Exchange*）变量的系数显著为负。

Control_Variables 为控制变量，控制变量与模型（6 - 5）相同。模型使用 OLS 回归方法。为了消除可能存在的异方差问题，在回归分析中使用 Robust 进行了调整。变量定义见表 6 - 1。

6.4　实证结果与分析

6.4.1　描述性统计

表 6 - 2 列示了主要变量的描述性统计。投资者语调（*Ask_Tone*）的均值为 -0.604，中位数为 -0.619，数值小于 0，表明投资者的提问总体上呈现消极或负面。管理层语调（*Answer_Tone*）的均值为 0.673，中位数为 0.719，数值大于 0，表明管理层的回复总体上呈现积极或正面。业绩说明会互动（*Exchange*）的均值为 0.779，中位数为 0.806。

表 6 - 2　　　　　　　　　　　　主要变量描述性统计

变量	平均值	中位数	标准差	最小值	最大值
*Coe*1	0.111	0.107	0.039	0.036	0.240
*Coe*2	0.111	0.107	0.039	0.036	0.236

续表

变量	平均值	中位数	标准差	最小值	最大值
Ask_Tone	-0.604	-0.619	0.148	-0.890	-0.200
Answer_Tone	0.673	0.719	0.222	0.000	1.000
Exchange	0.779	0.806	0.143	0.370	1.000
Size	21.769	21.570	1.159	19.290	25.264
Lev	0.390	0.376	0.207	0.035	0.941
Roa	0.050	0.047	0.050	-0.185	0.211
Grow	0.223	0.149	0.416	-0.532	2.823
ST	0.017	0.000	0.129	0.000	1.000
Sue	-0.063	-0.034	0.360	-1.500	1.336
Beta	1.164	1.161	0.249	0.463	1.769
Mb	4.473	3.182	4.524	0.671	36.115
*Top*1	0.357	0.339	0.149	0.093	0.753
Balance	0.946	0.736	0.778	0.040	3.881
BoardSize	8.730	9.000	1.646	5.000	14.000
IndDir	0.372	0.333	0.052	0.333	0.571

股权资本成本（*Coe*1）的均值为 0.111，总资产规模（*Size*）的均值为 21.769，资产负债率（*Lev*）的均值为 0.390，总资产收益率（*Roa*）的均值为 0.050，销售收入增长率（*Grow*）的均值为 0.223，未预期盈余（*Sue*）的均值为 -0.063、贝塔系数（*Beta*）的均值为 1.164、市值账面比（*Mb*）的均值为 4.473，第一大股东持股比例（*Top*1）的均值为 0.357，股权制衡（*Balance*）的均值为 0.946，董事会规模（*BoardSize*）的均值为 8.730，独立董事比例（*IndDir*）的均值为 0.372。

本章对主要变量进行相关系数检验，如表 6-3 所示。统计结果显示，投资者语调（*Ask_Tone*）与股权资本成本（*Coe*1 和 *Coe*2）正相关，但不显著。管理层语调（*Answer_Tone*）、业绩说明会互动（*Exchange*）与股权资本成本（*Coe*1 和 *Coe*2）显著负相关。

相关系数

表 6-3

序号	变量	1	2	3	4	5	6	7	8	9	10	11	12	13	14	15	16	17	18
1	Coe1		0.990^a	0.030	-0.114^a	-0.113^a	0.185^a	0.181^a	0.076^a	0.206^a	0.011	0.039	-0.143^a	-0.110^a	-0.025^b	-0.001	0.039^a	0.067^a	-0.006
2	Coe2	0.991^a		0.035	-0.122^a	-0.122^a	0.188^a	0.184^a	0.081^a	0.207^a	0.012	0.036^b	-0.152^a	-0.134^a	-0.018^b	0.002	0.038^a	0.074^a	-0.008
3	Ask_Tone	0.039	0.044		0.180^a	0.137^a	-0.137^a	-0.160^a	0.119^a	0.079^a	-0.065^a	0.000	0.073^a	0.193^a	-0.215^a	-0.055^a	0.109^a	-0.087^a	0.005
4	Answer_Tone	-0.114^a	-0.118^a	0.194^a		0.953^a	-0.119^a	-0.163^a	0.072^a	0.062^a	-0.050^a	0.004	0.113^a	0.175^a	-0.243^a	-0.043^a	0.102^a	-0.136^a	0.022^b
5	Exchange	-0.112^a	-0.116^a	0.147^a	0.954^a		-0.113^a	-0.154^a	0.067^a	0.055^a	-0.050^a	0.006	0.109^a	0.162^a	-0.236^a	-0.043^a	0.100^b	-0.130^b	0.019^b
6	Size	0.208^a	0.214^a	-0.131^a	-0.139^a	-0.134^a		0.560^a	-0.155^a	-0.019^b	-0.027^a	0.068^a	-0.120^a	-0.338^a	0.360^a	0.153^a	-0.231^a	0.275^a	-0.005
7	Lev	0.217^a	0.218^a	-0.157^a	-0.178^a	-0.167^a	0.555^a		-0.432^a	0.015	0.122^a	0.100^a	-0.114^a	-0.149^a	0.314^a	0.061^a	-0.201^a	0.201^a	-0.041^a
8	Roa	0.006	0.012	0.110^a	0.080^a	0.073^a	-0.094^a	-0.406^a		0.306^a	-0.059^a	0.195^a	-0.096^a	0.249^a	-0.125^a	0.058^a	0.109^a	-0.002	-0.023^b
9	Grow	0.114^a	0.113^a	0.052^a	0.038^a	0.030^a	0.025^b	0.065^a	0.209^a		-0.008	0.295^a	-0.024^b	0.161^a	-0.078^a	-0.016	0.101^a	-0.007	-0.009
10	ST	0.021^b	0.022^b	-0.061^a	-0.062^a	-0.060^a	-0.027^a	0.140^a	-0.064^a	0.087^a		0.082^a	-0.117^a	0.054^a	0.054^a	-0.038^a	0.005	-0.002	-0.014
11	Sue	-0.008	-0.008	0.005	0.006	0.006	0.022^b	0.061^a	0.292^a	0.280^a	0.108^a		-0.133^a	0.075^b	0.095^a	-0.009	-0.027^b	0.043^a	-0.011
12	Beta	-0.126^a	-0.133^a	0.071^a	0.095^a	0.094^a	-0.145^a	-0.120^a	-0.112^a	-0.005	-0.127^a	-0.117^a		0.142^a	-0.097^a	-0.088^a	0.041^a	-0.108^a	0.013
13	Mb	-0.103^a	-0.121^a	0.130^a	0.113^a	0.105^a	-0.252^a	-0.059^a	0.088^a	0.089^a	0.094^a	0.048^a	0.098^a		-0.228^a	-0.081^a	0.127^a	-0.198^a	0.055^a
14	Soe	-0.006	-0.002	-0.207^a	-0.258^a	-0.249^a	0.391^a	0.317^a	-0.093^a	-0.050^a	0.054^a	0.066^a	-0.103^a	-0.143^a		0.169^a	-0.283^a	0.308^a	-0.057^a
15	Top1	0.009	0.011	-0.063^a	-0.043^a	-0.044^a	0.197^a	0.063^a	0.071^a	0.005	-0.029^a	-0.019^b	-0.095^a	-0.089^a	0.181^a		0.805^a	-0.017	0.064^a
16	Balance	0.014	0.015	0.085^a	0.097^a	0.099^a	-0.174^a	-0.180^a	0.079^a	0.077^a	0.003	-0.002	0.035^a	0.075^a	-0.234^a	-0.731^a		-0.026^b	-0.074^a
17	BoardSize	0.069^a	0.074^a	-0.096^a	-0.144^a	-0.141^a	0.316^a	0.213^a	0.005	-0.012	-0.004	0.029^a	-0.099^a	-0.151^a	0.327^a	0.001	-0.006		-0.471^a
18	IndDir	-0.003	-0.006	0.004	0.033^a	0.031^a	-0.009	-0.043^a	-0.028^a	-0.004	-0.019^b	-0.015	0.015	0.078^a	-0.072^a	0.071^a	-0.063^a	-0.440^a	

注：左下方三角形内数据为 Pearson 相关系数，右上方三角形内数据为 Spearman 相关系数。a, b, c 分别表示 1%、5%、10% 统计水平显著。

6.4.2　实证结果分析

1. 投资者语调与股权资本成本

表 6 - 4 列示了投资者语调与股权资本成本的实证结果。变量 *Ask_Tone* 的值越小，表明投资者语调越消极①；$\Delta Coe1$ 和 $\Delta Coe2$ 的值越小，表明股权资本成本降低程度越大。前文的描述性统计显示，投资者语调（*Ask_Tone*）的均值为 -0.604，中位数为 -0.619，数值小于 0，表明投资者的提问总体上呈现消极或负面。关键自变量投资者语调（*Ask_Tone*）的系数为 0.006 和 0.005，分别在 5% 和 10% 的水平上显著为正。实证结果显示，投资者消极语调与股权资本成本显著负相关。这表明，从长期来看，投资者消极语调具有监督功能，能够降低股权资本成本，支持本章的假设 6 - 1。

表 6 - 4　　　　　　　　　　**投资者语调与股权资本成本**

变量	(1)	(2)
	$\Delta Coe1$	$\Delta Coe2$
Ask_Tone	0.006 ** (2.086)	0.005 * (1.861)
$\Delta Size$	0.009 *** (4.084)	0.008 *** (4.040)
ΔLev	0.002 (0.315)	0.002 (0.392)
ΔRoa	0.167 *** (10.347)	0.165 *** (10.644)
$\Delta Grow$	0.002 ** (2.316)	0.002 ** (2.513)
ΔST	0.001 (0.085)	0.001 (0.114)
ΔSue	-0.014 *** (-11.020)	-0.014 *** (-11.239)

---

①　为了第 4、5、6 章的研究设计一致，本章的投资者语调为净积极语调，即（积极语调提问的数量 - 消极语调提问的数量）/总提问数量。

续表

变量	(1) $\Delta Coe1$	(2) $\Delta Coe2$
$\Delta Beta$	0.007 *** (4.234)	0.005 *** (3.237)
ΔMb	-0.001 *** (-9.244)	-0.001 *** (-7.491)
$\Delta Top1$	-0.043 *** (-2.679)	-0.040 *** (-2.606)
$\Delta Balance$	-0.013 *** (-6.829)	-0.013 *** (-6.682)
$\Delta BoardSize$	0.000 (0.658)	0.000 (0.525)
$\Delta IndDir$	-0.005 (-0.330)	-0.009 (-0.629)
$Constant$	0.023 (0.698)	0.026 (0.919)
$Industry$	Control	Control
$Year$	Control	Control
样本量	8,133	8,133
调整后的 R^2	0.263	0.246

注：***、**、*分别表示1%、5%、10%统计水平显著。

2. 管理层语调与股权资本成本

表 6-5 列示了管理层语调与股权资本成本的实证结果。变量 *Answer_Tone* 的值越大，表明管理层语调越积极 $\Delta Coe1$ 和 $\Delta Coe2$ 的值越小，表明股权资本成本降低程度越大。前文的描述性统计显示，管理层语调（*Answer_Tone*）的均值为 0.673，中位数为 0.719，数值大于 0，表明管理层的回复总体上呈现积极或正面。关键自变量管理层语调（*Answer_Tone*）的系数分别为 -0.005 和 -0.004，均在 5% 的水平上显著为负。实证结果显示，管理层积极语调与股权资本成本显著负相关，支持本章的假设 6-2。

表 6 – 5　　　　　　　　　　　管理层语调与股权资本成本

变量	(1)	(2)
	$\Delta Coe1$	$\Delta Coe2$
Answer_Tone	-0.005** (-2.437)	-0.004** (-2.174)
$\Delta Size$	0.009*** (4.346)	0.009*** (4.275)
ΔLev	0.002 (0.408)	0.003 (0.475)
ΔRoa	0.169*** (10.455)	0.167*** (10.742)
$\Delta Grow$	0.002** (2.226)	0.002** (2.432)
ΔST	0.001 (0.088)	0.001 (0.117)
ΔSue	-0.014*** (-11.069)	-0.014*** (-11.286)
$\Delta Beta$	0.008*** (4.258)	0.006*** (3.260)
ΔMb	-0.001*** (-9.195)	-0.001*** (-7.447)
$\Delta Top1$	-0.045*** (-2.820)	-0.042*** (-2.732)
$\Delta Balance$	-0.014*** (-6.979)	-0.013*** (-6.816)
$\Delta BoardSize$	0.000 (0.710)	0.000 (0.571)
$\Delta IndDir$	-0.005 (-0.320)	-0.009 (-0.619)
Constant	0.022 (0.679)	0.025 (0.901)

续表

变量	（1）	（2）
	$\Delta Coe1$	$\Delta Coe2$
Industry	Control	Control
Year	Control	Control
样本量	8,133	8,133
调整后的 R²	0.263	0.246

注：***、**、*分别表示1%、5%、10%统计水平显著。

3. 业绩说明会互动与股权资本成本

表6-6列示了业绩说明会互动与股权资本成本的实证结果。变量 *Exchange* 的值越大，表明管理层与投资者之间的互动情况较好；$\Delta Coe1$ 和 $\Delta Coe2$ 的值越小，表明股权资本成本降低程度越大。关键自变量业绩说明会互动（*Exchange*）的系数分别为 -0.007 和 -0.006，均在5%的水平上显著为负。实证结果显示，业绩说明会互动与股权资本成本显著负相关，支持本章的假设6-3。

表6-6　　　　　　　　　　业绩说明会互动与股权资本成本

变量	（1）	（2）
	$\Delta Coe1$	$\Delta Coe2$
Exchange	-0.007** (-2.214)	-0.006** (-1.987)
$\Delta Size$	0.009*** (4.328)	0.009*** (4.259)
ΔLev	0.002 (0.393)	0.003 (0.462)
ΔRoa	0.169*** (10.451)	0.167*** (10.738)
$\Delta Grow$	0.002** (2.239)	0.002** (2.444)
ΔST	0.001 (0.089)	0.001 (0.118)

续表

变量	(1)	(2)
	$\Delta Coe1$	$\Delta Coe2$
ΔSue	-0.014^{***} (-11.074)	-0.014^{***} (-11.290)
$\Delta Beta$	0.008^{***} (4.252)	0.006^{***} (3.254)
ΔMb	-0.001^{***} (-9.203)	-0.001^{***} (-7.455)
$\Delta Top1$	-0.045^{***} (-2.810)	-0.042^{***} (-2.724)
$\Delta Balance$	-0.013^{***} (-6.961)	-0.013^{***} (-6.801)
$\Delta BoardSize$	0.000 (0.709)	0.000 (0.570)
$\Delta IndDir$	-0.005 (-0.327)	-0.009 (-0.625)
$Constant$	0.024 (0.742)	0.027 (0.965)
$Industry$	Control	Control
$Year$	Control	Control
样本量	8,133	8,133
调整后的 R^2	0.263	0.246

注：***、**、*分别表示1%、5%、10%统计水平显著。

6.4.3　进一步分析①

1. 按总资产收益率分组

本章按照上市公司总资产收益率（ROA）的中位数分为 ROA 较低组和 ROA 较高组，考察不同 ROA 情况下，业绩说明会与股权资本成本的关系是否存在差

---

① 由于篇幅限制，本章后文只汇报 $\Delta Coe1$ 的实证结果。本章还使用变量 $\Delta Coe2$ 进行实证检验，实证结果基本相同。

异。由于已经按总资产收益率进行分组，在进行该实证分析时，不控制总资产收益率变量。表 6-7 的实证结果显示，在 ROA 较低组中，管理层语调（*Answer_Tone*）、业绩说明会互动（*Exchange*）的系数显著为负；而在 ROA 较高组中，管理层语调（*Answer_Tone*）、业绩说明会互动（*Exchange*）的系数不显著。这表明，当上市公司业绩较差时，管理层通过业绩说明会交流，促进了投资者对上市公司的了解，降低股权资本成本。

表 6-7　　　　　　　　　　　　　　　　按总资产收益率分组

变量	ROA 较低组			ROA 较高组		
	（1）	（2）	（3）	（4）	（5）	（6）
	$\Delta Coe1$	$\Delta Coe1$	$\Delta Coe1$	$\Delta Coe1$	$\Delta Coe1$	$\Delta Coe1$
Ask_Tone	0.007 (1.195)			0.005* (1.670)		
Answer_Tone		-0.007* (-1.845)			-0.003 (-1.326)	
Exchange			-0.010* (-1.713)			-0.004 (-1.253)
$\Delta LnSize$	0.005 (1.380)	0.006 (1.561)	0.006 (1.558)	0.010*** (4.146)	0.010*** (4.265)	0.010*** (4.256)
ΔLev	-0.018* (-1.874)	-0.018* (-1.802)	-0.018* (-1.823)	-0.001 (-0.102)	-0.001 (-0.087)	-0.001 (-0.091)
$\Delta Grow$	0.002 (1.251)	0.002 (1.150)	0.002 (1.157)	0.005*** (4.381)	0.005*** (4.392)	0.005*** (4.397)
ΔST	-0.002 (-0.233)	-0.002 (-0.287)	-0.002 (-0.282)	0.007 (0.992)	0.008 (1.064)	0.008 (1.060)
ΔSue	0.005*** (3.072)	0.005*** (3.108)	0.005*** (3.095)	-0.021*** (-17.978)	-0.021*** (-17.960)	-0.021*** (-17.967)
$\Delta Beta$	0.010*** (3.299)	0.010*** (3.281)	0.010*** (3.274)	0.004** (2.226)	0.004** (2.279)	0.004** (2.278)

续表

变量	ROA 较低组			ROA 较高组		
	(1)	(2)	(3)	(4)	(5)	(6)
	$\Delta Coe1$	$\Delta Coe1$	$\Delta Coe1$	$\Delta Coe1$	$\Delta Coe1$	$\Delta Coe1$
ΔMb	-0.001 *** (-3.786)	-0.001 *** (-3.718)	-0.001 *** (-3.721)	-0.001 *** (-7.606)	-0.001 *** (-7.574)	-0.001 *** (-7.580)
$\Delta Top1$	-0.077 *** (-2.946)	-0.081 *** (-3.094)	-0.081 *** (-3.094)	0.005 (0.255)	0.004 (0.198)	0.004 (0.204)
$\Delta Balance$	-0.014 *** (-4.831)	-0.015 *** (-4.946)	-0.015 *** (-4.944)	-0.012 *** (-5.211)	-0.012 *** (-5.292)	-0.012 *** (-5.281)
$\Delta BoardSize$	-0.001 (-1.134)	-0.001 (-1.120)	-0.001 (-1.130)	0.002 *** (3.294)	0.002 *** (3.344)	0.002 *** (3.350)
$\Delta IndDir$	-0.081 *** (-2.948)	-0.083 *** (-3.003)	-0.083 *** (-2.997)	0.052 *** (3.323)	0.053 *** (3.362)	0.053 *** (3.356)
Constant	-0.083 *** (-12.497)	-0.084 *** (-14.369)	-0.080 *** (-11.510)	0.042 (1.518)	0.041 (1.492)	0.042 (1.537)
Industry	Control	Control	Control	Control	Control	Control
Year	Control	Control	Control	Control	Control	Control
样本量	4,067	4,067	4,067	4,066	4,066	4,066
调整后的 R^2	0.179	0.179	0.179	0.382	0.382	0.382

注：*** 、** 、* 分别表示1%、5%、10%统计水平显著。

2. 按股利分配率分组

本章按照上市公司股利分配率（每股派息除以每股利润）的中位数分为股利分配率较低组和股利分配率较高组，考察不同股利分配率情况下，业绩说明会与股权资本成本的关系是否存在差异。表6-8的实证结果显示，在股利分配率较低组中，管理层语调（*Answer_Tone*）、业绩说明会互动（*Exchange*）的系数显著为负；在股利分配率较高组中，管理层语调（*Answer_Tone*）的系数显著为负、业绩说明会互动（*Exchange*）的系数不显著。总体上，当上市公司股利分配率较低时，通过业绩说明会互动，促进投资者对上市公司的了解，降低股权资本成本。

表 6 - 8 　　　　　　　　　　　　　　按股利分配率分组

变量	股利分配率较低组			股利分配率较高组		
	（1）	（2）	（3）	（4）	（5）	（6）
	$\Delta Coe1$	$\Delta Coe1$	$\Delta Coe1$	$\Delta Coe1$	$\Delta Coe1$	$\Delta Coe1$
Ask_Tone	0. 007 * （1. 676）			0. 004 （1. 234）		
Answer_Tone		- 0. 006 * （ - 1. 848）			- 0. 005 * （ - 1. 747）	
Exchange			- 0. 010 * （ - 1. 947）			- 0. 005 （ - 1. 206）
$\Delta LnSize$	0. 010 *** （3. 402）	0. 011 *** （3. 616）	0. 011 *** （3. 618）	0. 008 *** （2. 817）	0. 009 *** （3. 000）	0. 009 *** （2. 969）
ΔLev	- 0. 004 （ - 0. 493）	- 0. 003 （ - 0. 360）	- 0. 003 （ - 0. 367）	0. 008 （0. 976）	0. 007 （0. 955）	0. 007 （0. 954）
ΔRoa	0. 145 *** （6. 655）	0. 147 *** （6. 769）	0. 147 *** （6. 773）	0. 205 *** （8. 880）	0. 206 *** （8. 916）	0. 206 *** （8. 906）
$\Delta Grow$	0. 004 *** （2. 914）	0. 003 *** （2. 807）	0. 003 *** （2. 797）	- 0. 001 （ - 0. 673）	- 0. 001 （ - 0. 700）	- 0. 001 （ - 0. 686）
ΔST	- 0. 001 （ - 0. 115）	- 0. 001 （ - 0. 117）	- 0. 001 （ - 0. 119）	0. 002 （0. 075）	0. 003 （0. 097）	0. 003 （0. 082）
ΔSue	- 0. 009 *** （ - 5. 123）	- 0. 009 *** （ - 5. 161）	- 0. 009 *** （ - 5. 169）	- 0. 024 *** （ - 14. 255）	- 0. 024 *** （ - 14. 316）	- 0. 024 *** （ - 14. 308）
$\Delta Beta$	0. 008 *** （3. 231）	0. 008 *** （3. 223）	0. 008 *** （3. 207）	0. 006 ** （2. 431）	0. 006 ** （2. 462）	0. 006 ** （2. 459）
ΔMb	- 0. 001 *** （ - 5. 897）	- 0. 001 *** （ - 5. 891）	- 0. 001 *** （ - 5. 893）	- 0. 001 *** （ - 7. 609）	- 0. 001 *** （ - 7. 527）	- 0. 001 *** （ - 7. 548）
$\Delta Top1$	- 0. 074 *** （ - 3. 252）	- 0. 077 *** （ - 3. 367）	- 0. 077 *** （ - 3. 373）	- 0. 009 （ - 0. 446）	- 0. 011 （ - 0. 536）	- 0. 011 （ - 0. 519）
$\Delta Balance$	- 0. 015 *** （ - 5. 494）	- 0. 016 *** （ - 5. 631）	- 0. 016 *** （ - 5. 627）	- 0. 012 *** （ - 4. 726）	- 0. 012 *** （ - 4. 798）	- 0. 012 *** （ - 4. 786）
$\Delta BoardSize$	- 0. 001 （ - 0. 737）	- 0. 001 （ - 0. 676）	- 0. 001 （ - 0. 675）	0. 002 ** （2. 054）	0. 002 ** （2. 044）	0. 002 ** （2. 050）
$\Delta IndDir$	- 0. 022 （ - 0. 965）	- 0. 022 （ - 0. 990）	- 0. 022 （ - 0. 985）	0. 007 （0. 332）	0. 007 （0. 363）	0. 007 （0. 344）

续表

变量	股利分配率较低组			股利分配率较高组		
	（1）	（2）	（3）	（4）	（5）	（6）
	$\Delta Coe1$	$\Delta Coe1$	$\Delta Coe1$	$\Delta Coe1$	$\Delta Coe1$	$\Delta Coe1$
Constant	0.037 （0.706）	0.035 （0.680）	0.039 （0.746）	0.018 （0.649）	0.018 （0.675）	0.019 （0.691）
Industry	Control	Control	Control	Control	Control	Control
Year	Control	Control	Control	Control	Control	Control
样本量	4,067	4,067	4,067	4,066	4,066	4,066
调整后的 R^2	0.251	0.251	0.252	0.310	0.310	0.310

注：***、**、*分别表示1%、5%、10%统计水平显著。

3. 按机构投资者持股比例分组

本书借鉴孙等（Sun et al.，2012）的研究，使用机构投资者持股比例来衡量公司信息不对称程度，当机构投资者持股比例较低时，公司的信息不对称程度相对较高。本章按照机构投资者持股比例的中位数分为机构投资者持股比例较低组和机构投资者持股比例较高组，考察不同机构投资者持股比例情况下，业绩说明会与股权资本成本的关系是否存在差异。表 6 - 9 的实证结果显示，在机构投资者持股比例较低组中，管理层语调（*Answer_Tone*）、业绩说明会互动（*Exchange*）的系数显著为负；而在机构投资者持股比例较高组中，管理层语调（*Answer_Tone*）、业绩说明会互动（*Exchange*）的系数不显著。这表明，当机构投资者持股比例较低时，管理层通过业绩说明会交流，促进了投资者对上市公司的了解，降低股权资本成本。

表 6 - 9   按机构投资者持股比例分组

变量	机构投资者持股比例较低组			机构投资者持股比例较高组		
	（1）	（2）	（3）	（4）	（5）	（6）
	$\Delta Coe1$	$\Delta Coe1$	$\Delta Coe1$	$\Delta Coe1$	$\Delta Coe1$	$\Delta Coe1$
Ask_Tone	0.007 * （1.731）			0.002 （0.638）		
Answer_Tone		− 0.006 * （ − 1.825）			− 0.004 （ − 1.325）	

续表

变量	机构投资者持股比例较低组			机构投资者持股比例较高组		
	（1）	（2）	（3）	（4）	（5）	（6）
	$\Delta Coe1$	$\Delta Coe1$	$\Delta Coe1$	$\Delta Coe1$	$\Delta Coe1$	$\Delta Coe1$
Exchange			− 0. 008 * （ − 1. 697）			− 0. 005 （ − 1. 154）
$\Delta LnSize$	0. 006 * （1. 785）	0. 007 ** （2. 007）	0. 007 ** （1. 989）	0. 009 *** （3. 349）	0. 009 *** （3. 448）	0. 009 *** （3. 441）
ΔLev	− 0. 004 （ − 0. 479）	− 0. 004 （ − 0. 409）	− 0. 004 （ − 0. 428）	0. 012 * （1. 649）	0. 012 * （1. 681）	0. 012 * （1. 679）
ΔRoa	0. 131 *** （5. 466）	0. 134 *** （5. 549）	0. 133 *** （5. 545）	0. 205 *** （9. 758）	0. 206 *** （9. 818）	0. 205 *** （9. 815）
$\Delta Grow$	0. 003 ** （2. 238）	0. 003 ** （2. 159）	0. 003 ** （2. 173）	0. 001 （0. 728）	0. 001 （0. 702）	0. 001 （0. 707）
ΔST	0. 003 （0. 298）	0. 003 （0. 322）	0. 003 （0. 320）	− 0. 002 （ − 0. 278）	− 0. 002 （ − 0. 296）	− 0. 002 （ − 0. 292）
ΔSue	− 0. 013 *** （ − 6. 701）	− 0. 013 *** （ − 6. 730）	− 0. 013 *** （ − 6. 731）	− 0. 015 *** （ − 8. 980）	− 0. 015 *** （ − 9. 005）	− 0. 015 *** （ − 9. 010）
$\Delta Beta$	0. 010 *** （3. 645）	0. 010 *** （3. 659）	0. 010 *** （3. 650）	0. 005 ** （2. 177）	0. 005 ** （2. 204）	0. 005 ** （2. 198）
ΔMb	− 0. 001 *** （ − 4. 660）	− 0. 001 *** （ − 4. 618）	− 0. 001 *** （ − 4. 631）	− 0. 001 *** （ − 8. 243）	− 0. 001 *** （ − 8. 220）	− 0. 001 *** （ − 8. 221）
$\Delta Top1$	− 0. 049 ** （ − 2. 016）	− 0. 052 ** （ − 2. 132）	− 0. 052 ** （ − 2. 134）	− 0. 035 * （ − 1. 715）	− 0. 036 * （ − 1. 780）	− 0. 036 * （ − 1. 767）
$\Delta Balance$	− 0. 012 *** （ − 3. 947）	− 0. 012 *** （ − 4. 082）	− 0. 012 *** （ − 4. 055）	− 0. 011 *** （ − 4. 404）	− 0. 011 *** （ − 4. 455）	− 0. 011 *** （ − 4. 452）
$\Delta BoardSize$	− 0. 000 （ − 0. 363）	− 0. 000 （ − 0. 336）	− 0. 000 （ − 0. 320）	0. 001 （0. 878）	0. 001 （0. 906）	0. 001 （0. 895）
$\Delta IndDir$	− 0. 001 （ − 0. 031）	− 0. 000 （ − 0. 012）	− 0. 000 （ − 0. 007）	− 0. 022 （ − 1. 089）	− 0. 023 （ − 1. 099）	− 0. 023 （ − 1. 109）

续表

变量	机构投资者持股比例较低组			机构投资者持股比例较高组		
	（1）	（2）	（3）	（4）	（5）	（6）
	$\Delta Coe1$	$\Delta Coe1$	$\Delta Coe1$	$\Delta Coe1$	$\Delta Coe1$	$\Delta Coe1$
Constant	0.019 （0.543）	0.017 （0.506）	0.020 （0.578）	0.002 （0.291）	0.003 （0.361）	0.004 （0.529）
Industry	Control	Control	Control	Control	Control	Control
Year	Control	Control	Control	Control	Control	Control
样本量	4,067	4,067	4,067	4,066	4,066	4,066
调整后的 R^2	0.201	0.202	0.202	0.327	0.327	0.327

注：***、**、* 分别表示1%、5%、10%统计水平显著。

4. 按会计信息质量分组

本章按照会计信息质量的中位数分为会计信息质量较差组和会计信息质量较好组，考察不同会计信息质量情况下，业绩说明会与股权资本成本的关系是否存在差异。本章借鉴科塔里等（Kothari et al.，2005）的方法，计算可操纵应计利润绝对值，衡量会计信息质量。表6－10的实证结果显示，在会计信息质量较差组中，管理层语调（Answer_Tone）、业绩说明会互动（Exchange）的系数显著为负；而在会计信息质量较好组中，管理层语调（Answer_Tone）、业绩说明会互动（Exchange）的系数不显著。这表明，当会计信息质量较差时，管理层通过业绩说明会交流，促进投资者对上市公司的了解，降低股权资本成本。

表6－10　　　　　　　　　　按会计信息质量分组

变量	会计信息质量较差组			会计信息质量较好组		
	（1）	（2）	（3）	（4）	（5）	（6）
	$\Delta Coe1$	$\Delta Coe1$	$\Delta Coe1$	$\Delta Coe1$	$\Delta Coe1$	$\Delta Coe1$
Ask_Tone	0.010*** （2.585）			0.002 （0.407）		
Answer_Tone		-0.006** （-1.962）			-0.004 （-1.443）	

续表

变量	会计信息质量较差组			会计信息质量较好组		
	（1）	（2）	（3）	（4）	（5）	（6）
	$\Delta Coe1$	$\Delta Coe1$	$\Delta Coe1$	$\Delta Coe1$	$\Delta Coe1$	$\Delta Coe1$
Exchange			-0.007^{*} (-1.650)			-0.007 (-1.480)
$\Delta LnSize$	0.007^{**} (2.571)	0.008^{***} (2.800)	0.008^{***} (2.785)	0.009^{***} (2.901)	0.010^{***} (3.033)	0.010^{***} (3.031)
ΔLev	0.007 (0.955)	0.008 (1.040)	0.008 (1.039)	-0.004 (-0.469)	-0.004 (-0.443)	-0.004 (-0.461)
ΔRoa	0.181^{***} (8.361)	0.184^{***} (8.503)	0.184^{***} (8.494)	0.149^{***} (6.087)	0.150^{***} (6.125)	0.150^{***} (6.126)
$\Delta Grow$	0.002 (1.218)	0.001 (1.084)	0.001 (1.099)	0.003^{*} (1.909)	0.003^{*} (1.881)	0.003^{*} (1.886)
ΔST	0.014^{*} (1.671)	0.014^{*} (1.715)	0.014^{*} (1.721)	-0.005 (-0.680)	-0.006 (-0.693)	-0.006 (-0.696)
ΔSue	-0.016^{***} (-8.571)	-0.016^{***} (-8.524)	-0.016^{***} (-8.545)	-0.013^{***} (-7.002)	-0.013^{***} (-7.044)	-0.013^{***} (-7.047)
$\Delta Beta$	0.009^{***} (3.486)	0.009^{***} (3.554)	0.009^{***} (3.545)	0.007^{**} (2.536)	0.007^{**} (2.540)	0.007^{**} (2.537)
ΔMb	-0.001^{***} (-7.809)	-0.001^{***} (-7.717)	-0.001^{***} (-7.722)	-0.001^{***} (-5.556)	-0.001^{***} (-5.552)	-0.001^{***} (-5.553)
$\Delta Top1$	-0.071^{***} (-3.077)	-0.073^{***} (-3.200)	-0.073^{***} (-3.192)	-0.022 (-0.979)	-0.024 (-1.058)	-0.024 (-1.053)
$\Delta Balance$	-0.015^{***} (-5.211)	-0.015^{***} (-5.362)	-0.015^{***} (-5.338)	-0.012^{***} (-4.524)	-0.013^{***} (-4.598)	-0.013^{***} (-4.598)
$\Delta BoardSize$	0.000 (0.415)	0.000 (0.468)	0.000 (0.474)	0.001 (0.499)	0.001 (0.526)	0.001 (0.520)
$\Delta IndDir$	-0.003 (-0.140)	-0.003 (-0.150)	-0.003 (-0.155)	-0.007 (-0.297)	-0.006 (-0.280)	-0.006 (-0.283)

变量	会计信息质量较差组			会计信息质量较好组		
	（1）	（2）	（3）	（4）	（5）	（6）
	$\Delta Coe1$	$\Delta Coe1$	$\Delta Coe1$	$\Delta Coe1$	$\Delta Coe1$	$\Delta Coe1$
Constant	0.039 （0.787）	0.035 （0.722）	0.037 （0.761）	−0.001 （−0.026）	0.001 （0.031）	0.003 （0.116）
Industry	Control	Control	Control	Control	Control	Control
Year	Control	Control	Control	Control	Control	Control
样本量	4,066	4,066	4,066	4,067	4,067	4,067
调整后的 R^2	0.277	0.276	0.276	0.253	0.254	0.254

注：*** 、** 、* 分别表示 1%、5%、10% 统计水平显著。

6.4.4 稳健性检验

1. 使用股权资本成本水平值

本章在主回归分析时，因变量为股权资本成本变化值，为考察结果的稳健性，本章考虑使用股权资本成本水平值进行回归分析，如表 6 – 11 所示。在主回归分析中，由于最终控制人性质变化的样本比较少，因此在模型中没有控制最终控制人性质（Soe）的变化；在此处的稳健性检验时，本章控制了最终控制人性质（Soe）。在主回归分析中，由于需要连续两期的股权资本成本数据，样本为 8,133 个；在此处的稳健性检验，不需要连续两期的股权资本成本数据，样本为 9,172 个。关键因变量为股权资本成本，Coe1 和 Coe2 的值越小，表明股权资本成本越小。

表 6 – 11　　　　　　　　　　使用股权资本成本水平值

变量	（1）	（2）	（3）
	Coe1	Coe1	Coe1
Ask_Tone	0.008 *** （3.226）		
Answer_Tone		−0.003 * （−1.874）	

续表

变量	（1） *Coe*1	（2） *Coe*1	（3） *Coe*1
Exchange			− 0. 005 * （− 1. 841）
Size	0. 008 *** （16. 695）	0. 008 *** （16. 540）	0. 008 *** （16. 543）
Lev	0. 023 *** （8. 272）	0. 022 *** （8. 108）	0. 022 *** （8. 126）
Roa	0. 027 *** （2. 776）	0. 030 *** （3. 043）	0. 030 *** （3. 041）
Grow	0. 006 *** （6. 025）	0. 006 *** （6. 172）	0. 006 *** （6. 152）
ST	0. 004 （1. 003）	0. 003 （0. 854）	0. 003 （0. 857）
Sue	− 0. 006 *** （− 4. 871）	− 0. 006 *** （− 4. 901）	− 0. 006 *** （− 4. 895）
Beta	− 0. 000 （− 0. 265）	− 0. 000 （− 0. 303）	− 0. 000 （− 0. 296）
Mb	0. 000 （0. 786）	0. 000 （0. 840）	0. 000 （0. 839）
Soe	− 0. 010 *** （− 10. 732）	− 0. 011 *** （− 11. 271）	− 0. 011 *** （− 11. 262）
*Top*1	− 0. 014 *** （− 3. 629）	− 0. 013 *** （− 3. 479）	− 0. 013 *** （− 3. 480）
Balance	0. 001 （0. 808）	0. 001 （0. 969）	0. 001 （0. 973）
BoardSize	− 0. 000 （− 1. 432）	− 0. 000 （− 1. 461）	− 0. 000 （− 1. 463）
IndDir	0. 008 （1. 123）	0. 008 （1. 047）	0. 008 （1. 047）

续表

变量	（1）	（2）	（3）
	Coe1	Coe1	Coe1
Constant	-0.048^{***} （-2.728）	-0.049^{***} （-2.764）	-0.047^{***} （-2.670）
Industry	Control	Control	Control
Year	Control	Control	Control
样本量	9,172	9,172	9,172
调整后的 R^2	0.317	0.316	0.316

注：*** 、** 、* 分别表示 1%、5%、10% 统计水平显著。

第（1）列为投资者消极语调与股权资本成本的实证结果。变量 Ask_Tone 的值越小，表明投资者语调越消极[①]。前文的描述性统计显示，投资者语调（Ask_Tone）的均值为 -0.604，中位数为 -0.619，数值小于 0，表明投资者的提问总体上呈现消极或负面。投资者语调（Ask_Tone）的系数显著为正，表明投资者消极语调与股权资本成本显著负相关。从长期来看，投资者消极语调具有监督功能，能够降低股权资本成本。

第（2）列为管理层积极语调与股权资本成本的实证结果。变量 $Answer\_Tone$ 的值越大，表明管理层语调越积极。前文的描述性统计显示，管理层语调（$Answer\_Tone$）的均值为 0.673，中位数为 0.719，数值大于 0，表明管理层的回复总体上呈现积极或正面。管理层语调（$Answer\_Tone$）的系数显著为负，表明管理层积极语调与股权资本成本显著负相关。

第（3）列为业绩说明会互动与股权资本成本的实证结果，业绩说明会互动（$Exchange$）的系数显著为负，表明业绩说明会互动与股权资本成本显著负相关。稳健性检验支持本章的研究结论。

2. 区分积极语调与消极语调

在主回归分析中，为了第 4、5、6 章的研究设计一致，投资者语调为净积极语调，等于（积极语调提问的数量 – 消极语调提问的数量）/总提问数量。本章进一步考察投资者消极语调与股权资本成本的关系。投资者消极语调（Ask_Neg）

---

① 为了第 4、5、6 章的研究设计一致，本章的投资者语调为净积极语调，即（积极语调提问的数量 – 消极语调提问的数量）/总提问数量。

等于消极语调提问的数量除以总提问数量。投资者语调越消极，变量 *Ask_Neg* 的值越大。实证结果如表 6 – 12 的第（1）列所示。投资者消极语调（*Ask_Neg*）变量的系数显著为负，表明投资者消极语调与股权资本成本显著负相关。

表 6 – 12　　　　　　　　　　　区分积极语调与消极语调

变量	（1） $\Delta Coe1$	（2） $\Delta Coe1$
Ask_Neg	− 0.010* （− 1.864）	
Answer_Pos		− 0.007** （− 2.124）
$\Delta LnSize$	0.009*** （4.108）	0.009*** （4.325）
ΔLev	0.002 （0.332）	0.002 （0.405）
ΔRoa	0.167*** （10.352）	0.169*** （10.446）
$\Delta Grow$	0.002** （2.308）	0.002** （2.227）
ΔST	0.001 （0.096）	0.001 （0.095）
ΔSue	− 0.014*** （− 11.025）	− 0.014*** （− 11.061）
$\Delta Beta$	0.007*** （4.231）	0.008*** （4.259）
ΔMb	− 0.001*** （− 9.251）	− 0.001*** （− 9.200）
$\Delta Top1$	− 0.043*** （− 2.686）	− 0.045*** （− 2.812）
$\Delta Balance$	− 0.013*** （− 6.834）	− 0.014*** （− 6.966）
$\Delta BoardSize$	0.000 （0.659）	0.000 （0.706）
$\Delta IndDir$	− 0.005 （− 0.332）	− 0.005 （− 0.325）

续表

变量	（1）	（2）
	$\Delta Coe1$	$\Delta Coe1$
Constant	0.027 （0.804）	0.025 （0.759）
Industry	Control	Control
Year	Control	Control
样本量	8,133	8,133
调整后的 R^2	0.263	0.263

注：***、**、*分别表示1%、5%、10%统计水平显著。

在主回归分析中，管理层语调为净积极语调，等于（积极语调回复的数量－消极语调回复的数量）/总回复数量。本章进一步考察管理层积极语调与股权资本成本的关系。管理层积极语调（Answer_Pos）等于积极语调回复的数量除以总回复数量。管理层语调越积极，变量 Answer_Pos 的值越大。实证结果如表6－12的第（2）列所示。管理层积极语调（Answer_Pos）变量的系数显著为负，表明管理层积极语调与股权资本成本显著负相关。

3. 考虑会计准则的影响

财政部于2006年出台新会计准则，并在2007年开始实施。新会计准则的实施可能对信息质量产生影响。本章考虑会计准则的影响，剔除2007年以前的样本，重新进行实证分析，实证结果如表6－13所示。投资者语调（Ask_Tone）的系数显著为正，表明投资者消极语调与股权资本成本显著负相关；管理层语调（Answer_Tone）的系数显著为负，表明管理层积极语调与股权资本成本显著负相关；业绩说明会互动（Exchange）的系数显著为负，表明业绩说明会互动与股权资本成本显著负相关。稳健性检验支持本章的研究结论。

表6－13   **考虑会计准则的影响**

变量	（1）	（2）	（3）
	$\Delta Coe1$	$\Delta Coe1$	$\Delta Coe1$
Ask_Tone	0.006 ** （2.221）		

续表

变量	（1）	（2）	（3）
	$\Delta Coe1$	$\Delta Coe1$	$\Delta Coe1$
Answer_Tone		-0.005^{**} (-2.195)	
Exchange			-0.006^{**} (-1.998)
$\Delta LnSize$	0.009^{***} (4.031)	0.009^{***} (4.288)	0.009^{***} (4.270)
ΔLev	0.002 (0.432)	0.003 (0.525)	0.003 (0.511)
ΔRoa	0.165^{***} (10.244)	0.167^{***} (10.355)	0.167^{***} (10.351)
$\Delta Grow$	0.002^{**} (2.379)	0.002^{**} (2.289)	0.002^{**} (2.300)
ΔST	0.001 (0.087)	0.001 (0.093)	0.001 (0.094)
ΔSue	-0.014^{***} (-10.876)	-0.014^{***} (-10.927)	-0.014^{***} (-10.932)
$\Delta Beta$	0.008^{***} (4.283)	0.008^{***} (4.303)	0.008^{***} (4.298)
ΔMb	-0.001^{***} (-9.228)	-0.001^{***} (-9.179)	-0.001^{***} (-9.187)
$\Delta Top1$	-0.048^{***} (-2.962)	-0.050^{***} (-3.088)	-0.050^{***} (-3.081)
$\Delta Balance$	-0.013^{***} (-6.844)	-0.014^{***} (-6.987)	-0.014^{***} (-6.971)
$\Delta BoardSize$	0.000 (0.610)	0.000 (0.658)	0.000 (0.659)
$\Delta IndDir$	-0.004 (-0.249)	-0.004 (-0.242)	-0.004 (-0.246)

续表

变量	(1)	(2)	(3)
	$\Delta Coe1$	$\Delta Coe1$	$\Delta Coe1$
Constant	0.002 (0.412)	0.001 (0.166)	0.003 (0.483)
Industry	Control	Control	Control
Year	Control	Control	Control
样本量	8,081	8,081	8,081
调整后的 R^2	0.264	0.264	0.264

注：*** 、** 、* 分别表示1%、5%、10%统计水平显著。

4. 使用年内第一次召开业绩说明会样本

部分上市公司在同一年内举行两次或以上业绩说明会，本章仅保留年内第一次召开业绩说明会的样本，然后重新进行实证分析。实证结果如表6－14所示。投资者语调（Ask_Tone）的系数显著为正，表明投资者消极语调与股权资本成本显著负相关；管理层语调（$Answer\_Tone$）的系数显著为负，表明管理层积极语调与股权资本成本显著负相关；业绩说明会互动（$Exchange$）的系数显著为负，表明业绩说明会互动与股权资本成本显著负相关。

表6－14　　　　　　　　使用年内第一次召开业绩说明会样本

变量	(1)	(2)	(3)
	$\Delta Coe1$	$\Delta Coe1$	$\Delta Coe1$
Ask_Tone	0.006 * (1.930)		
Answer_Tone		− 0.004 * (− 1.745)	
Exchange			− 0.005 (− 1.489)
$\Delta LnSize$	0.007 *** (3.066)	0.008 *** (3.302)	0.008 *** (3.280)
ΔLev	0.006 (0.907)	0.006 (1.008)	0.006 (1.001)

续表

变量	（1）	（2）	（3）
	$\Delta Coe1$	$\Delta Coe1$	$\Delta Coe1$
ΔRoa	0. 168 *** （9. 201）	0. 169 *** （9. 300）	0. 169 *** （9. 299）
$\Delta Grow$	0. 002 * （1. 844）	0. 002 * （1. 758）	0. 002 * （1. 766）
ΔST	0. 003 （0. 435）	0. 003 （0. 467）	0. 003 （0. 468）
ΔSue	− 0. 014 *** （− 10. 214）	− 0. 014 *** （− 10. 275）	− 0. 014 *** （− 10. 279）
$\Delta Beta$	0. 006 *** （3. 107）	0. 006 *** （3. 121）	0. 006 *** （3. 120）
ΔMb	− 0. 001 *** （− 8. 661）	− 0. 001 *** （− 8. 603）	− 0. 001 *** （− 8. 611）
$\Delta Top1$	− 0. 049 *** （− 2. 762）	− 0. 052 *** （− 2. 911）	− 0. 052 *** （− 2. 902）
$\Delta Balance$	− 0. 012 *** （− 5. 487）	− 0. 012 *** （− 5. 646）	− 0. 012 *** （− 5. 630）
$\Delta BoardSize$	0. 000 （0. 472）	0. 000 （0. 507）	0. 000 （0. 505）
$\Delta IndDir$	− 0. 002 （− 0. 132）	− 0. 002 （− 0. 133）	− 0. 002 （− 0. 141）
$Constant$	0. 002 （0. 046）	0. 000 （0. 012）	0. 002 （0. 054）
$Industry$	Control	Control	Control
$Year$	Control	Control	Control
样本量	6, 638	6, 638	6, 638
调整后的 R^2	0. 264	0. 264	0. 264

注：***、**、*分别表示1%、5%、10%统计水平显著。

此外，本章还做了如下稳健性检验，实证结果基本保持不变：

①按照主板、中小板、创业板上市公司，分别进行回归分析。

②控制业绩说明会的提问数量。

③控制业绩说明会的举行时间，包括业绩说明会举行日与年度报告披露日之间的天数，业绩说明会举行日与当年资产负债表日之间的天数。

6.5　本章小结

本章从语调的角度，探讨业绩说明会与股权资本成本之间的关系。研究发现：第一，从短期来看，市场对投资者语调给予及时的反应，投资者消极语调降低股票收益率。但是，长期来看，投资者的消极语调具有监督功能，能够影响管理层行为，促进公司提高会计信息质量，降低股权资本成本。实证结果显示，投资者消极语调与股权资本成本显著负相关。第二，管理层积极语调与股权资本成本显著负相关。第三，业绩说明会互动与股权资本成本显著负相关。

进一步研究发现，当企业总资产收益率较低、股利分配率较少、机构投资者持股比例较低、会计信息质量较差时，管理层通过业绩说明会交流，促进投资者对上市公司的了解，显著降低股权资本成本。这些分组检验的结果表明，当公司绩效较差（总资产收益率较低、股利分配率较少）、信息不对称较严重（机构投资者持股比例较低、会计信息质量较差）时，业绩说明会发挥着改善投资者关系的作用，实现公司价值和股东财富最大化。

本章还做了系列稳健性检验，包括使用股权资本成本水平值、使用投资者消极语调、管理层积极语调、考虑会计准则的影响、使用年内第一次召开业绩说明会样本等，研究结论基本保持不变。

本章的研究具有一定的意义：

第一，本章从股权资本成本的角度，分析业绩说明会的有效性，丰富了业绩说明会的研究。已有研究发现，盈余电话会议、业绩说明会能增加信息含量，引起市场反应（Kimbrough，2005；Hollander et al.，2010；Kimbrough and Louis，2011；Matsumoto et al.，2011；林乐和谢德仁，2016），影响分析师预测和跟踪（Bowen et al.，2002；Mayew，2008；Mayew et al.，2013；Soltes，2014；Solomon and Soltes，2015；林乐和谢德仁，2017）。但是这些文献主要从短期的角度，分析业绩说明会的有效性，缺少从中长期的角度分析业绩说明会有效性的研究。本章从股权资本成本的角度，分析业绩说明会的有效性，丰富了业绩说明会的研究。

第二，本章的研究证实了投资者关系的沟通职能。权小锋等（2016）发现，投资者关系的信息职能和组织职能与股价崩盘风险显著负相关，但没有发现投资者关系沟通职能的作用。本章认为，这可能是由于权小锋等（2016）没有在合适的场景下分析沟通职能的效果。本章研究发现，业绩说明会互动与股权资本成本显著负相关，证实了投资者关系的沟通职能。

第三，本章从语调的角度，探索文本信息对股权资本成本的影响，丰富了股权资本成本的文献。现有研究从不同类型信息的视角，分析信息披露与股权资本成本之间的关系，如自愿信息披露（Botosan，1997；Zhang and Ding，2006；Bertomeu et al.，2011；曾颖和陆正飞，2006；李慧云和刘镝，2016）、管理层业绩预告（董南雁等，2017）、社会责任报告（孟晓俊等，2010；李姝等，2013）、环境信息（何玉，2014；叶陈刚等，2015）、审计报告（于李胜等，2008；王春飞等，2013）等。但是这些研究较少分析文本信息与股权资本成本之间的关系。本章从语调的角度，探索文本信息对股权资本成本的影响，丰富了股权资本成本的文献。

第7章　主要结论与政策建议

本章首先对全书结论进行总结；其次，提出相关政策建议；再次，分析全书的研究局限性；最后，指出未来的研究方向。

7.1　主要研究结论

在"互联网＋"背景下，上市公司信息披露格局发生重大变化，媒体信息传播方法发生深刻变革，投资者信息获得和处理方式得到极大拓展。基于Web 2.0的网络社交极大地冲击资本市场的信息环境，信息技术的发展对信息环境产生革命性的影响。业绩说明会是互联网背景下的一项投资者关系管理制度创新，本书从语调的角度，实证分析了业绩说明会有效性。

本书利用Python，Selenium，Geckodriver等软件爬取业绩说明会的文本记录，获得超过1万场业绩说明会，近200万条提问和回答记录。本书利用机器学习和人工智能的方法，分析投资者和管理层语调，构建业绩说明会互动指标。本书以投资者语调、管理层语调、业绩说明会互动作为切入点，从短期效果（市场反应、媒体传播）和中长期效果（股权资本成本）的角度，分析业绩说明会的有效性。研究发现：

第一，从语调的视角，分析业绩说明会的市场反应。首先，投资者语调与股票收益显著相关，投资者语调越积极（消极），市场反应越正向（负向）。其次，管理层语调与股票收益显著相关，管理层语调越积极（消极），市场反应越正向（负向）。最后，业绩说明会互动有助于提高股票收益。进一步研究发现，当公司总资产收益率较低、股利分配率较少、机构投资者持股比例较低、会计信息质量较差时，管理层通过业绩说明会交流，促进投资者对上市公司的了解，市场给予正向的反应。

第二，从语调的视角，分析业绩说明会与媒体传播的关系。首先，业绩说明会语调与网络新闻舆论显著相关。投资者语调、管理层语调越积极（消极），网络新闻舆论越正面（负面）；业绩说明会互动促进了正面的网络新闻舆论。其次，业绩说明会语调与股票贴吧舆论显著相关。投资者语调、管理层语调越积极（消极），股票贴吧舆论越正面（负面）；业绩说明会互动促进了正面的股票贴吧舆论。最后，在业绩说明会的市场反应中，媒体传播（网络新闻、股票贴吧）起着部分中介作用。进一步研究发现，按经营业绩、股利分配、机构投资者持股比例、会计信息质量进行分组分析，业绩说明会与媒体传播之间均存在显著关系，表明媒体以公平的视角，对业绩说明会进行信息挖掘和信息传播。

第三，从语调的角度，分析业绩说明会与股权资本成本的关系。首先，从短期来看，市场对投资者语调给予及时的反应，投资者消极语调降低股票收益率。但是，长期来看，投资者的消极语调具有监督功能，能够影响管理层行为，促进公司提高会计信息质量，降低股权资本成本。实证结果显示，投资者消极语调与股权资本成本显著负相关。其次，管理层积极语调与股权资本成本显著负相关。最后，业绩说明会互动与股权资本成本显著负相关。进一步研究发现，当公司总资产收益率较低、股利分配率较少、机构投资者持股比例较低、会计信息质量较差时，管理层通过业绩说明会交流，促进投资者对上市公司的了解，显著降低股权资本成本。

总之，本书的研究结果表明，业绩说明会有助于加强上市公司与投资者之间的沟通与理解，建立稳定的投资者基础，获得长期的市场支持，实现公司价值和股东财富最大化。

7.2　政　策　建　议

第一，持续推进业绩说明会实践。业绩说明会通过网络方式举行，在业绩说明会中，投资者与管理层直接沟通与对话，促进投资者了解上市公司，有助于管理层了解投资者的需求。本书研究发现，短期来看，业绩说明会的投资者和管理层语调及其互动与股票收益显著相关；中长期来看，投资者和管理层语调及其互动与股权资本成本降低显著相关。本书建议监管部门持续推进和深化业绩说明会实践，开展多种形式的交流；扩大业绩说明会的实施范围，包括沪深主板上市公司。

第二，加强投资者关系管理工作。随着资本市场的逐步发展，一方面，上市公司的规模日益扩大；另一方面，投资者规模相对增加、范围不断延伸，投资者关系管理逐渐成为实践应用的热点。上市公司加强投资者关系管理工作，有助于建立良好形象和声誉，维持公司与投资者之间持久、良好和信任的关系，提升公司价值。我国投资者关系管理活动起步较晚，和欧美发达国家的差距仍然较大，上市公司应当充分认识投资者关系管理的重要性，积极开展多种形式投资者关系管理活动。

第三，对于投资者而言，树立自我保护意识，提升市场监督意识。投资者的有效保护，关系到资本市场的良性发展。在日益复杂的资本市场中，投资者需要树立风险意识和自我保护意识，通过各种投资者关系管理渠道了解上市公司，提升市场监督意识，促进资本市场稳定运行。

7.3　研究局限性

本书的研究可能具有一定的局限性：

第一，本书的语调分析方法可能不能全面衡量投资者和管理层语调。本书利用机器学习和人工智能的方法，分析投资者和管理层语调。尽管中文文本分析技术在计算机、信息学领域已经较为成熟，但是中文的行文逻辑博大精深，本书的语调分析方法可能不能全面衡量投资者和管理层语调。

第二，文本信息有多种特征，本书从语调的角度进行分析，可能存在一定的局限性。从语言学的角度出发，里昂斯（Lyons，1981）认为，话语义是一种相对高级、综合的语义，而语调则是话语义的一个重要表现形式，语调在一定程度上代表了文本的主要特征。但是，文本特征还包括数字信息、专用名词、可读性、文本相似性等，笔者在未来将全面分析文本特征的影响因素与经济后果。

第三，本书主要从信息披露的角度分析业绩说明会的经济后果，缺少从公司治理的角度分析，可能存在一定的局限性。根据证监会颁布《上市公司与投资者关系工作指引》，提升公司治理水平是投资者关系管理目的之一。本书从语调的角度，分析了业绩说明会与股权资本成本之间的关系，股权资本成本在一定程度上反映了公司治理的经济后果。笔者在将来的研究分析中，将提供更加直接的经验证据。

第四，本书基于投资者和管理层语调，构建业绩说明会互动变量，衡量业绩说明互动情况，可能存在一定的局限。管理层通过言语，改变投资者消极看法，积极引导投资者，是业绩说明会作用的重要体现。因此，本书使用投资者消极语调的提问中，管理层积极回复的比例，在一定程度上衡量了业绩说明会互动情况。但是，这可能无法全面、深入刻画业绩说明会互动情况。笔者在将来的研究分析中，将进一步探讨业绩说明会互动效果的刻画和衡量。

第五，此外，本书可能还存在其他没有观察到的缺陷，这些可能影响到本书的结论，笔者将继续改进，消除可能的影响，以使结论更加稳健。

7.4　研　究　展　望

基于本书的研究结论和发现，未来还可以继续研究的话题：

第一，拓展业绩说明会有效性及其机理的实证研究。本书从短期效果（市场反应、媒体传播）和中长期效果（股权资本成本）的角度，分析业绩说明会的有效性，未来可以从其他角度进行分析，如股价崩盘风险、股价同步性、会计稳健性、公司违规等维度做进一步分析。

第二，多维度的文本分析。本书从语调的角度展开实证分析，未来可以考虑多维度的文本分析，例如，从目标短语角度进行分析，选择"诚信""信心"等词语构建指标；从可读性角度进行分析，由于中文和英文语法不同，构建能够有效衡量中文文本可读性的指标，具有重要的研究意义；从文本相似性角度进行分析，例如，年度报告的管理层分析与讨论、分析师报告与业绩说明会管理层回答的文本相似性之间的关系及经济后果。

第三，通过典型案例和访谈，深入业绩说明会有效性研究。本书实证检验了业绩说明会的有效性，未来可以选择典型案例，通过质化分析，揭示业绩说明会有效性及其机理；通过访谈，揭示投资者和管理层在进行业绩说明会互动过程的心理变化和言语行为特征。

第四，分析业绩说明会与其他类型投资者关系管理实践的差异性。上市公司开展多种投资者关系管理活动，例如，在公司官方网站建立投资者关系专栏、通过"互动易"和"上证 e 互动"沟通、召开股东大会、接待投资者实地调研等，这些投资者关系管理实践的作用是否有所差异，仍然需要进一步研究。

第五，利用机器学习和人工智能，分析管理层言语和行为的关系，预测舞弊行为的发生概率。例如，Purda and Skillicorn（2015）基于 10 – K 报告 MD&A 文本，开发出一个区别欺诈和真实报告的工具，实现高达 82% 的正确分类。业绩说明会中有大量的管理层话语资料，构建基于机器学习的舞弊预测模型，对于理论界、实务界、监管层，具有一定的研究意义和价值。

主要参考文献

［1］岑维，李士好，童娜琼. 投资者关注度对股票收益与风险的影响——基于深市"互动易"平台数据的实证研究［J］. 证券市场导报，2014（7）：40 - 47.

［2］岑维，童娜琼，何潇悦. 投资者关注度与中小股东利益保护——基于深交所"互动易"平台数据的实证研究［J］. 证券市场导报，2016（2）：54 - 62.

［3］曾颖，陆正飞. 信息披露质量与股权融资成本［J］. 经济研究，2006（2）：69 - 79.

［4］崔晓利. 贴吧社区信息传播与互动模式研究［D］. 华东师范大学，2010.

［5］丁慧，吕长江，黄海杰. 社交媒体、投资者信息获取和解读能力与盈余预期——来自"上证E互动"平台的证据［J］. 经济研究，2018（1）：153 - 168.

［6］董南雁，梁巧妮，林青. 管理层业绩预告策略与隐含资本成本［J］. 南开管理评论，2017（2）：45 - 57.

［7］段江娇，刘红忠，曾剑平. 中国股票网络论坛的信息含量分析［J］. 金融研究，2017（10）：178 - 192.

［8］段钊，何雅娟，钟原. 企业社会责任信息披露是否客观——基于文本挖掘的我国上市公司实证研究［J］. 南开管理评论，2017（4）：62 - 72.

［9］郭毅，王兴，章迪诚，朱熹. "红头文件"何以以言行事？——中国国有企业改革文件研究（2000~2005）［J］. 管理世界，2010（12）：74 - 89.

［10］郝项超，苏之翔. 重大风险提示可以降低IPO抑价吗？——基于文本分析法的经验证据［J］. 财经研究，2014（5）：42 - 53.

［11］何玉，唐清亮，王开田. 碳信息披露、碳业绩与资本成本［J］. 会计研究，2014（1）：79 - 86.

［12］胡芳. 媒体负面报道对中小投资者保护的作用及其机理研究［D］. 华

南理工大学，2015.

　　［13］黄润鹏，左文明，毕凌燕. 基于微博情绪信息的股票市场预测［J］.
管理工程学报，2015（1）：47－52.

　　［14］姜付秀，石贝贝，李行天. "诚信"的企业诚信吗？——基于盈余管
理的经验证据［J］. 会计研究，2015（8）：24－31.

　　［15］李慧云，刘镝. 市场化进程、自愿性信息披露和权益资本成本［J］.
会计研究，2016（1）：71－78.

　　［16］李培功，沈艺峰. 经理薪酬、轰动报道与媒体的公司治理作用［J］.
管理科学学报，2013（10）：63－80.

　　［17］李培功，沈艺峰. 媒体的公司治理作用：中国的经验证据［J］. 经济
研究，2010（4）：14－27.

　　［18］李姝，赵颖，童婧. 社会责任报告降低了企业权益资本成本吗？——
来自中国资本市场的经验证据［J］. 会计研究，2013（9）：64－70.

　　［19］李心丹，肖斌卿，王树华，刘玉灿. 中国上市公司投资者关系管理评
价指标及其应用研究［J］. 管理世界，2006（9）：117－128.

　　［20］李心丹，肖斌卿，张兵，朱洪亮. 投资者关系管理能提升上市公司价
值吗？——基于中国 A 股上市公司投资者关系管理调查的实证研究［J］. 管理世
界，2007（9）：117－128.

　　［21］李志斌. 内部控制、股权集中度与投资者关系管理——来自 A 股上市
公司投资者关系调查的证据［J］. 会计研究，2013（12）：72－78.

　　［22］林斌，辛清泉，杨德明，陈念. 投资者关系管理及其影响因素分析——基
于深圳上市公司的实证检验［J］. 会计研究，2005（9）：32－38.

　　［23］林乐，谢德仁. 分析师荐股更新利用管理层语调吗？——基于业绩说
明会的文本分析［J］. 管理世界，2017（11）：125－145.

　　［24］林乐，谢德仁. 投资者会听话听音吗？——基于管理层语调视角的实
证研究［J］. 财经研究，2016（7）：28－39.

　　［25］林雨晨. 机构投资者的治理效应：基于机构调研行为的研究［D］. 中
山大学，2016.

　　［26］刘善敏，林斌，聂毅俊. 投资者关系管理与股权融资成本——来自公
司网站投资者关系管理的实证发现［J］. 财经研究，2008（5）：75－86.

　　［27］刘涛雄，徐晓飞. 互联网搜索行为能帮助我们预测宏观经济吗？［J］. 经
济研究，2015（12）：68－83.

[28] 马连福, 卞娜, 刘丽颖. 中国上市公司投资者关系水平及对公司绩效影响的实证研究 [J]. 管理评论, 2011 (10): 19 – 24.

[29] 马连福, 胡艳, 陈德球. 大股东制衡、投资者关系管理与盈余管理 [J]. 山西财经大学学报, 2008 (12): 73 – 79.

[30] 马连福, 胡艳, 高丽. 投资者关系管理水平与权益资本成本——来自深交所 A 股上市公司的经验证据 [J]. 经济与管理研究, 2008 (6): 23 – 28.

[31] 马连福, 赵颖. 基于公司治理的投资者关系文献评述与研究展望 [J]. 南开管理评论, 2006 (1): 21 – 27.

[32] 孟晓俊, 肖作平, 曲佳莉. 企业社会责任信息披露与资本成本的互动关系——基于信息不对称视角的一个分析框架 [J]. 会计研究, 2010 (9): 25 – 29.

[33] 彭红枫, 赵海燕, 周洋. 借款陈述会影响借款成本和借款成功率吗?——基于网络借贷陈述的文本分析 [J]. 金融研究, 2016 (4): 158 – 173.

[34] 丘心颖, 郑小翠, 邓可斌. 分析师能有效发挥专业解读信息的作用吗?——基于汉字年报复杂性指标的研究 [J]. 经济学 (季刊), 2016 (4): 1483 – 1506.

[35] 权小锋, 陆正飞. 投资者关系管理影响审计师决策吗?——基于 A 股上市公司投资者关系管理的综合调查 [J]. 会计研究, 2016 (2): 73 – 80.

[36] 权小锋, 吴世农. 投资者关注、盈余公告效应与管理层公告择机 [J]. 金融研究, 2010 (11): 90 – 107.

[37] 权小锋, 吴世农. 投资者注意力、应计误定价与盈余操纵 [J]. 会计研究, 2012 (6): 46 – 53.

[38] 权小锋, 肖斌卿, 吴世农. 投资者关系管理能够稳定市场吗?——基于 A 股上市公司投资者关系管理的综合调查 [J]. 管理世界, 2016 (1): 139 – 152.

[39] 权小锋, 肖斌卿, 尹洪英. 投资者关系管理能够抑制企业违规风险吗?——基于 A 股上市公司投资者关系管理的综合调查 [J]. 财经研究, 2016 (5): 15 – 27.

[40] 权小锋, 尹洪英, 吴红军. 媒体报道对 IPO 股价表现的非对称影响研究——来自创业板上市公司的经验证据 [J]. 会计研究, 2015 (6): 56 – 63.

[41] 权小锋, 张欣哲, 尹洪英. 负面事件中投资者关系管理的价值效应考察 [J]. 财贸经济, 2017 (6): 80 – 97.

[42] 沈艺峰, 肖珉, 黄娟娟. 中小投资者法律保护与公司权益资本成本 [J]. 经济研究, 2005 (6): 115 – 124.

[43] 谭松涛, 阚铄, 崔小勇. 互联网沟通能够改善市场信息效率吗? —— 基于深交所"互动易"网络平台的研究 [J]. 金融研究, 2016 (3): 174 – 188.

[44] 田高良, 封华, 于忠泊. 资本市场中媒体的公司治理角色研究 [J]. 会计研究, 2016 (6): 21 – 29.

[45] 万晓文, 李明望, 王秀. 基于财务视角的投资者关系管理研究评述与启示 [J]. 会计研究, 2010 (9): 78 – 83.

[46] 汪平, 邹颖, 黄丽凤. 高管薪酬激励的核心重构: 资本成本约束观 [J]. 中国工业经济, 2014 (5): 109 – 121.

[47] 汪祥耀, 叶正虹. 执行新会计准则是否降低了股权资本成本 —— 基于我国资本市场的经验证据 [J]. 中国工业经济, 2011 (3): 119 – 128.

[48] 王春飞, 陆正飞, 伍利娜. 企业集团统一审计与权益资本成本 [J]. 会计研究, 2013 (6): 75 – 82.

[49] 王美今, 孙建军. 中国股市收益、收益波动与投资者情绪 [J]. 经济研究, 2004 (10): 75 – 83.

[50] 王晓谦. 汉语自然会话中的支持性反馈研究 [D]. 中央民族大学, 2015.

[51] 王寅. 语义理论与语言教学 [M]. 上海: 上海外语教育出版社, 2010.

[52] 温忠麟, 叶宝娟. 有调节的中介模型检验方法: 竞争还是替补? [J]. 心理学报, 2014 (5): 714 – 726.

[53] 温忠麟, 张雷, 侯杰泰, 刘红云. 中介效应检验程序及其应用 [J]. 心理学报, 2004 (5): 614 – 620.

[54] 吴建南, 马亮, 杨宇谦. 中国地方政府创新的动因、特征与绩效 —— 基于"中国地方政府创新奖"的多案例文本分析 [J]. 管理世界, 2007 (8): 43 – 51.

[55] 肖斌卿, 李心丹, 顾妍, 王树华. 中国上市公司投资者关系与公司治理 —— 来自 A 股公司投资者关系调查的证据 [J]. 南开管理评论, 2007 (3): 51 – 60.

[56] 谢德仁, 林乐. 管理层语调能预示公司未来业绩吗? —— 基于我国上市公司年度业绩说明会的文本分析 [J]. 会计研究, 2015 (2): 20 – 27.

[57] 辛清泉, 杨德明, 陈念. 融资动机与上市公司投资者关系管理 —— 来

自公司网站投资者关系管理的实证发现 [J]. 管理科学，2006（2）：90 – 97.

[58] 熊艳，李常青，魏志华. 媒体报道与 IPO 定价效率：基于信息不对称与行为金融视角 [J]. 世界经济，2014（5）：135 – 160.

[59] 徐莉萍，辛宇，祝继高. 媒体关注与上市公司社会责任之履行——基于汶川地震捐款的实证研究 [J]. 管理世界，2011（3）：135 – 143.

[60] 徐巍，陈冬华. 自媒体披露的信息作用——来自新浪微博的实证证据 [J]. 金融研究，2016（3）：157 – 173.

[61] 严晓宁. 媒体在上市公司治理中的角色和功能 [J]. 经济管理，2008（9）：72 – 76.

[62] 杨道广，陈汉文，刘启亮. 媒体压力与企业创新 [J]. 经济研究，2017（8）：125 – 139.

[63] 杨德明，王彦超，辛清泉. 投资者关系管理、公司治理与企业业绩 [J]. 南开管理评论，2007（3）：43 – 50.

[64] 杨德明，赵璨. 媒体监督、媒体治理与高管薪酬 [J]. 经济研究，2012（6）：116 – 126.

[65] 杨晓兰，沈翰彬，祝宇. 本地偏好、投资者情绪与股票收益率：来自网络论坛的经验证据 [J]. 金融研究，2016（12）：143 – 158.

[66] 叶陈刚，王孜，武剑锋，李惠. 外部治理、环境信息披露与股权融资成本 [J]. 南开管理评论，2015（5）：85 – 96.

[67] 游家兴，吴静. 沉默的螺旋：媒体情绪与资产误定价 [J]. 经济研究，2012（7）：141 – 152.

[68] 于李胜，王艳艳，陈泽云. 信息中介是否具有经济附加价值？——理论与经验证据 [J]. 管理世界，2008（7）：134 – 144.

[69] 于忠泊，田高良，张咏梅. 媒体关注、制度环境与盈余信息市场反应——对市场压力假设的再检验 [J]. 会计研究，2012（9）：40 – 51.

[70] 张秀敏，汪瑾，薛宇，李晓琳. 语义分析方法在企业环境信息披露研究中的应用 [J]. 会计研究，2016（1）：87 – 94.

[71] 郑捷. NLP 汉语自然语言处理：原理与实践 [M]. 北京：电子工业出版社，2017.

[72] Akerlof, G. A. The Market for Lemons：Quality Uncertainty and the Market Mechanism [J]. *Quarterly Journal of Economics*，1970，84（3）：488 – 500.

[73] Allee, K. D.，M. D. Deangelis. The Structure of Voluntary Disclosure Nar-

ratives: Evidence from Tone Dispersion [J]. *Journal of Accounting Research*, 2015, 53 (2): 241 – 274.

[74] Antweiler, W., M. Z. Frank. Is All that Talk Just Noise? The Information Content of Internet Stock Message Boards [J]. *Journal of Finance*, 2004, 59 (3): 1259 – 1294.

[75] Armstrong, C. S., W. R. Guay, J. P. Weber. The Role of Information and Financial Reporting in Corporate Governance and Debt Contracting [J]. *Journal of Accounting and Economics*, 2010, 50 (2): 179 – 234.

[76] Barberis, N., A. Shleifer, R. Vishny. A Model of Investor Sentiment [J]. *Journal of Financial and Economics*, 1998, 49 (3): 307 – 343.

[77] Barclay, M. J., C. G. Holderness. Private Benefits from Control of Public Corporations [J]. *Journal of Financial and Economics*, 1989, 25 (2): 371 – 395.

[78] Baron, R. M., D. A. Kenny. The Moderator – Mediator Variable Distinction in Social Psycholog – Ical Research: Conceptual, Strategic, and Statistical Consideration [J]. *Journal of Personality and Social Psychology*, 1986, 51 (6): 1173 – 1182.

[79] Bebchuk, L. A., J. M. Fried. Executive Compensation as an Agency Problem [J]. *Journal of Economic Perspectives*, 2003, 17 (3): 71 – 92.

[80] Berlo, D. K. The Process of Communication: An Introduction to Theory and Practice [M]. New York: Rinehart and Winston, 1960.

[81] Bertomeu, J., A. Beyer, R. A. Dye. Capital Structure, Cost of Capital, and Voluntary Disclosures [J]. *The Accounting Review*, 2011, (3): 857 – 886.

[82] Bertrand, M., P. Mehta, S. Mullainathan. Ferreting Out Tunneling: An Application to Indian Business Groups [J]. *Quarterly Journal of Economics*, 2002, 117 (1): 121 – 148.

[83] Beyer, A., D. A. Cohen, T. Z. Lys, B. R. Walther. The Financial Reporting Environment: Review of the Recent Literature [J]. *Journal of Accounting and Economics*, 2010, 50 (2 – 3): 296 – 343.

[84] Biddle, G. C., G. Hilary, R. S. Verdi. How Does Financial Reporting Quality Relate to Investment Efficiency? [J]. *Journal of Accounting and Economics*, 2009, 48 (2 – 3): 112 – 131.

[85] Blau, B. M., J. R. DeLisle, S. M. Price. Do Sophisticated Investors Interpret Earnings Conference Call Tone Differently than Investors at Large? Evidence from

Short Sales ［J］. *Journal of Corporate Finance*, 2015, 31: 203 - 219.

［86］ Bloomfield, R. Discussion of "Annual Report Readability, Current Earnings, and Earnings Persistence" ［J］. *Journal of Accounting and Economics*, 2008, 45 (2 - 3): 248 - 252.

［87］ Bonsall, S. B., A. J. Leone, B. P. Miller, K. Rennekamp. A Plain English Measure of Financial Reporting Readability ［J］. *Journal of Accounting and Economics*, 2017, 63 (2): 329 - 357.

［88］ Bonsall, S. B., B. P. Miller. The Impact of Narrative Disclosure Readability On Bond Ratings and the Cost of Debt ［J］. *Review of Accounting Studies*, 2017, 22 (2): 608 - 643.

［89］ Borochin, P. A., J. E. Cicon, R. J. DeLisle, S. M. Price. The Effects of Conference Call Tones On Market Perceptions of Value Uncertainty ［EB/OL］. (2017 - 12 - 15) ［2018 - 03 - 01］. https://papers. ssrn. com/sol3/papers. cfm? abstract_id = 2579907.

［90］ Botosan, C. A. Disclosure Level and the Cost of Equity Capital ［J］. *The Accounting Review*, 1997, 72 (3): 323 - 349.

［91］ Bowen, R. M., A. K. Davis, D. A. Matsumoto. Do Conference Calls Affect Analysts' Forecasts? ［J］. *The Accounting Review*, 2002, 77 (2): 285 - 316.

［92］ Bratten, B., C. A. Gleason, S. Larocque, L. F. Mills. Forecasting Tax Expense: New Evidence From Analysts ［J］. *The Accounting Review*, 2017, 92 (3): 1 - 29, 2017.

［93］ Brickley, J. A., J. L. Zimmerman. Corporate Governance Myths: Comments On Armstrong, Guay, and Weber ［J］. *Journal of Accounting and Economics*, 2010, 50 (2 - 3): 235 - 245.

［94］ Brochet, F., G. S. Miller, P. Naranjo, G. Yu. Managers' Cultural Background and Disclosure Attributes ［EB/OL］. (2016 - 10 - 09) ［2018 - 03 - 01］, https://papers. ssrn. com/sol3/papers. cfm? abstract_id = 2848405.

［95］ Brochet, F., P. Naranjo, G. Yu. The Capital Market Consequences of Language Barriers in the Conference Calls of Non - U. S. Firms ［J］. *The Accounting Review*, 2016, 91 (4): 1023 - 1049.

［96］ Brockman, P., J. E. Cicon, X. Li, S. M. Price. Words Versus Deeds: Evidence From Post-Call Manager Trades ［J］. *Financial Management*, 2017, 46

(4): 965 – 994.

[97] Brockman, P. , X. L. CFA, S. M. Price. Differences in Conference Call Tones: Managers Vs. Analysts [J]. *Financial Analysts Journal*, 2015, (4): 24 – 42.

[98] Brown, S. V. , J. W. Tucker. Large – Sample Evidence On Firms' Year-over – Year MD&A Modifications [J] . *Journal of Accounting Research*, 2011, 49 (2): 309 – 346.

[99] Brown, S. , S. A. Hillegeist, K. Lo. Conference Calls and Information Asymmetry [J]. *Journal of Accounting and Economics*, 2004, 37 (3): 343 – 366.

[100] Buehlmaier, M. M. M. , T. M. Whited. Looking for Risk in Words: A Narrative Approach to Measuring the Pricing Implications of Financial Constraints [EB/ OL]. (2014 – 06 – 06) [2018 – 03 – 01], http://hub. hku. hk/bitstream/10722/ 201723/1/Content. pdf.

[101] Burns, N. , S. Kedia, M. Lipson. Institutional Ownership and Monitoring: Evidence from Financial Misreporting [J] . *Journal of Corporate Finance*, 2010, 16 (4): 443 – 455.

[102] Bushee, B. J. , D. A. Matsumoto, G. S. Miller. Open versus Closed Con-ference Calls: The Determinants and Effects of Broadening Access to Disclosure [J] . *Journal of Accounting and Economics*, 2003, 34 (1 – 3): 149 – 180.

[103] Bushee, B. J. , G. S. Miller. Investor Relations, Firm Visibility, and In-vestor Following [J] . *The Accounting Review*, 2012, 87 (3): 867 – 897.

[104] Bushee, B. J. , J. E. Core, W. Guay, S. J. W. Hamm. The Role of the Business Press as an Information Intermediary [J] . *Journal of Accounting Research*, 2010, 48 (1): 1 – 19.

[105] Campbell, J. L. , H. Chen, D. S. Dhaliwal, H. Lu, L. B. Steele. The In-formation Content of Mandatory Risk Factor Disclosures in Corporate Filings [J] . *Review of Accounting Studies*, 2014, 19 (1): 396 – 455.

[106] Chandler, C. S. Investor Relations From the Perspective of CEOs [J] . *In-ternational Journal of Strategic Communication*, 2014, 8 (3): 160 – 176.

[107] Chen, C. W. , C. Pantzalis, J. C. Park. Press Coverage and Stock Price Deviation from Fundamental Value [J] . *Journal of Financial Research*, 2013, 36 (2): 175 – 214.

[108] Chen, Z. , O. Z. Li, H. Zou. Directors? and Officers? Liability Insurance

and the Cost of Equity ［J］. *Journal of Accounting and Economics*, 2016, 61 （1）: 100 – 120.

［109］ Cheng, Q. , F. Du, X. Wang, Y. Wang. Seeing is Believing: Analysts' Corporate Site Visits ［J］. *Review of Accounting Studies*, 2016, 21 （4）: 1 – 42.

［110］ Cheng, Q. , T. D. Warfield. Equity Incentives and Earnings Management ［J］. *The Accounting Review*, 2005, 80 （2）: 441 – 476.

［111］ Cicon, J. Say It Again Sam: The Information Content of Corporate Conference Calls ［J］. *Review of Quantitative Finance and Accounting*, 2017, 48 （1）: 57 – 81.

［112］ Claessens, S. , S. Djankov. Disentangling the Incentive and Entrenchment Effects of Large Shareholdings ［J］. *Journal of Finance*, 2002, 57 （6）: 2741 – 2771.

［113］ Coase, R. H. The Nature of the Firm ［J］. *Economica*, 1937, 4 （16）: 386 – 405.

［114］ Cole, H. L. , P. J. Kehoe. Models of Sovereign Debt: Partial Versus General Reputations ［J］. *International Economic Review*, 1998, 39 （1）: 55 – 70.

［115］ Dai, L. , J. T. Parwada, B. Zhang. The Governance Effect of the Media's News Dissemination Role: Evidence from Insider Trading ［J］. *Journal of Accounting Research*, 2015, 53 （2）: 331 – 366.

［116］ Das, S. R. , M. Y. Chen. Yahoo! For Amazon: Sentiment Extraction From Small Talk On the Web ［J］. *Management Science*, 2007, 53 （9）: 1375 – 1388.

［117］ Davis, A. K. , I. Tama – Sweet. Managers' Use of Language Across Alternative Disclosure Outlets: Earnings Press Releases versus MD&A ［J］. *Contemporary Accounting Research*, 2012, 29 （3）: 804 – 837.

［118］ Davis, A. K. , J. M. Piger, L. M. Sedor. Beyond the Numbers: Measuring the Information Content of Earnings Press Release Language ［J］. *Contemporary Accounting Research*, 2012, 29 （3）: 845 – 868.

［119］ Davis, A. K. , W. Ge, D. Matsumoto, J. L. Zhang. The Effect of Manager – Specific Optimism On the Tone of Earnings Conference Calls ［J］. *Review of Accounting Studies*, 2015, 20 （2）: 639 – 673.

［120］ De Franco, G. , O. Hope, D. Vyas, Y. Zhou. Analyst Report Readability

[J]. *Contemporary Accounting Research*, 2015, 32 (1): 76 – 104.

［121］Defond, M. L., C. W. Park. The Reversal of Abnormal Accruals and the Market Valuation of Earnings Surprises ［J］. *The Accounting Review*, 2001, 76 (3): 375 – 404.

［122］Doran, J., D. Peterson, S. Price. Earnings Conference Call Content and Stock Price: The Case of REITs ［J］. *Journal of Real Estate Finance and Economics*, 2012, 45 (2): 402 – 434.

［123］Druz, M., I. Petzev, A. F. Wagner, R. J. Zeckhauser. When Managers Change Their Tone, Analysts and Investors Change Their Tune ［EB/OL］. (2017 – 12 – 12) ［2018 – 03 – 01］, https: //papers. ssrn. com/sol3/papers. cfm? abstract_id = 2559157.

［124］Dyck, A., N. Volchkova, L. Zingales. The Corporate Governance Role of the Media: Evidence from Russia ［J］. *Journal of Financial Research*, 2008, 63 (3): 1093 – 1135.

［125］Dyer, T., M. Lang, L. Stice-Lawrence. The Evolution of 10-K Textual Disclosure: Evidence From Latent Dirichlet Allocation ［J］. *Journal of Accounting and Economics*, 2017, 64 (2 – 3): 221 – 245.

［126］Dzielinski, M., A. F. Wagner, R. J. Zeckhauser. Straight Talkers and Vague Talkers: The Effects of Managerial Style in Earnings Conference Calls ［EB/OL］. (2017 – 05 – 01) ［2018 – 03 – 01］, https: //www. hks. harvard. edu/research-insights/research-publications.

［127］Easton, P. D. PE Ratios, PEG Ratios, and Estimating the Implied Expected Rate of Return on Equity Capital ［J］. *The Accounting Review*, 2004, 79 (1): 73 – 95.

［128］Elton, E. J. Expected Return, Realized Return, and Asset Pricing Tests ［J］. *Journal of Finance*, 1999, 54 (4): 1199 – 1220.

［129］Ertugrul, M., J. Lei, J. Qiu, C. Wan. Annual Report Readability, Tone Ambiguity, and the Cost of Borrowing ［J］. *Journal of Financial and Quantitative Analysis*, 2017, 52 (2): 811.

［130］Fama, E. F., K. R. French. Common Risk Factors in Returns on Stocks and Bonds ［J］. *Journal of Financial Economics*, 1993, 33 (1): 3 – 56.

［131］Fama, E. F., K. R. French. Industry Cost of Equity ［J］. *Journal of Fi-

nancial Economics, 1997, 43 (2): 153 – 193.

　　[132] Fan, J. P. H. , T. J. Wong. Corporate Ownership Structure and the Informativeness of Accounting Earnings in East Asia [J]. *Journal of Accounting and Economics*, 2002, 33 (3): 401 – 425.

　　[133] Fang, L. , J. Peress. Media Coverage and the Cross-Section of Stock Returns [J]. *Journal of Finance*, 2009, 64 (5): 2023 – 2052.

　　[134] Feldman, R. , S. Govindaraj, J. Livnat, B. Segal. Management's Tone Change, Post Earnings Announcement Drift and Accruals [J]. *Review of Accounting Studies*, 2010, 15 (4): 915 – 953.

　　[135] Fengler, S. , R. Stephan. Journalists and the Information – Attention Markets Towards an Economic Theory of Journalism [J]. *Journalism*, 2008, 9 (6): 667 – 690.

　　[136] Francis, J. , R. Lafond, K. Schipper. Costs of Equity and Earnings Attributes [J]. *The Accounting Review*, 2004, 79 (4): 967 – 1010.

　　[137] Frankel, R. M. , J. N. Jennings, J. A. Lee. Using Natural Language Processing to Assess Text Usefulness to Readers: The Case of Conference Calls and Earnings Prediction [EB/OL]. (2017 – 01 – 01) [2018 – 03 – 01], https://papers. ssrn. com/sol3/papers. cfm? abstract_id = 3095754.

　　[138] Frankel, R. , M. Johnson, D. J. Skinner. An Empirical Examination of Conference Calls as a Voluntary Disclosure Medium [J]. *Journal of Accounting Research*, 1999, 37 (1): 133 – 150.

　　[139] Frankel, R. , W. J. Mayew, Y. Sun. Do Pennies Matter? Investor Relations Consequences of Small Negative Earnings Surprises [J]. *Review of Accounting Studies*, 2010, 15 (1): 220 – 242.

　　[140] Garay, U. , M. Gonzalez, A. Guzman, M. A. Trujillo. Internet – Based Corporate Disclosure and Market Value: Evidence from Latin America [J]. *Emerging Markets Review*, 2013, 17: 150 – 168.

　　[141] Green, T. C. , R. Jame, S. Markov, M. Subasi. Access to Management and the Informativeness of Analyst Research [J]. *Journal of Financial and Economics*, 2014, 114 (2): 239 – 255.

　　[142] Grossman, S. J. , O. D. Hart. One Share-One Vote and the Market for Corporate Control [J]. *Journal of Financial and Economics*, 1988, 20 (1 – 2):

175 - 202.

[143] Guay, W. , D. Samuels, D. Taylor. Guiding through the Fog: Financial Statement Complexity and Voluntary Disclosure [J]. *Journal of Accounting and Economics*, 2016, 62 (2/3): 234 - 269.

[144] Hanley, K. W. , G. Hoberg. The Information Content of IPO Prospectuses [J]. *Review of Financial Studies*, 2010, 23 (7): 2821 - 2864.

[145] Henry, E. Are Investors Influenced by How Earnings Press Releases are Written? [J]. *Journal of Business Communication*, 2008, 45 (4): 363 - 407.

[146] Henry, E. , A. J. Leone. Measuring Qualitative Information in Capital Markets Research: Comparison of Alternative Methodologies to Measure Disclosure Tone [J]. *The Accounting Review*, 2016, 91 (1): 153 - 178.

[147] Heston, S. L. , N. R. Sinha. News Versus Sentiment: Predicting Stock Returns From News Stories [EB/OL]. (2015 - 08 - 18) [2018 - 03 - 01], https://papers.ssrn.com/sol3/papers.cfm? abstract_id = 2311310.

[148] Hockerts, K. , L. Moir. Communicating Corporate Responsibility to Investors: The Changing Role of the Investor Relations Function [J]. *Journal of Business Ethics*, 2004, 52 (1): 85 - 98.

[149] Hollander, S. , M. Pronk, E. Roelofsen. Does Silence Speak? An Empirical Analysis of Disclosure Choices during Conference Calls [J]. *Journal of Accounting Research*, 2010, 48 (3): 531 - 563.

[150] Hong, H. , M. Huang. Talking Up Liquidity: Insider Trading and Investor Relations [J]. *Journal of Financial and Intermediation*, 2005, 14 (1): 1 - 31.

[151] Hope, O. , D. Hu, H. Lu. The Benefits of Specific Risk - Factor Disclosures [J]. *Review of Accounting Studies*, 2016, 21 (4): 1005 - 1045.

[152] Huang, A. H. , A. Y. Zang, R. Zheng. Evidence on the Information Content of Text in Analyst Reports [J]. *The Accounting Review*, 2014, 89 (6): 2151 - 2180.

[153] Huang, X. , S. H. Teoh, Y. Zhang. Tone Management [J]. *The Accounting Review*, 2014, 89 (3): 1083 - 1113.

[154] Jensen, M. B. , W. H. Meckling. Theory of the Firm: Managerial Behavior, Agency Cost and Ownership Structure [J]. *Journal of Accounting and Economics*, 1976, 3 (4): 305 - 360.

[155] Jensen, M. C. Agency Costs of Free Cash Flow, Corporate Finance, and Takeovers [J]. *American Economic Review*, 1986, 76 (2): 323 – 329.

[156] Jiao, Y. Corporate Disclosure, Market Valuation, and Firm Performance [J]. *Financial Management*, 2011, 40 (3): 647 – 676.

[157] Johnson, S., R. L. Porta, F. Lopez – De – Silanes. Tunneling [J]. *American Economic Review*, 2000, 90 (2): 22 – 27.

[158] Jones, M. J., P. A. Shoemaker. Accounting Narratives: A Review of Empirical Studies of Content and Readability [J]. *Journal of Accounting Literature*, 1994, 13 (1): 142 – 184.

[159] Jung, M. J., M. H. F. Wong, X. F. Zhang. Buy – Side Analysts and Earnings Conference Calls [J]. *Journal of Accounting Research*, 2017, 56 (3): 913 – 952.

[160] Kim, J. B., C. H. Yi. Ownership Structure, Business Group Affiliation, Listing Status, and Earnings Management: Evidence from Korea [J]. *Contemporary Accounting Research*, 2006, 23 (2): 427 – 464.

[161] Kim, J. B., Z. Yu, H. Zhang. Can Media Exposure Improve Stock Price Efficiency in China and Why? [J]. *China Journal of Accounting Research*, 2016, 9 (2): 83 – 114.

[162] Kim, J., Y. Kim, J. Zhou. Languages and Earnings Management [J]. *Journal of Accounting and Economics*, 2017, 63 (2 – 3): 288 – 306.

[163] Kimbrough, M. D. The Effect of Conference Calls on Analyst and Market Underreaction to Earnings Announcements [J]. *The Accounting Review*, 2005, 80 (1): 189 – 219.

[164] Kimbrough, M. D., H. Louis. Voluntary Disclosure to Influence Investor Reactions to Merger Announcements: An Examination of Conference Calls [J]. *The Accounting Review*, 2011, 86 (2): 637 – 667.

[165] Kirk, M. P., J. D. Vincent. Professional Investor Relations within the Firm [J]. *The Accounting Review*, 2014, 89 (4): 1421 – 1452.

[166] Kirk, M. P., S. Markov. Come On Over: Analyst/Investor Days as a Disclosure Medium [J]. *The Accounting Review*, 2016, 91 (6): 1725 – 1750.

[167] Kothari, S. P., A. J. Leone, C. E. Wasley. Performance Matched Discretionary Accrual Measures [J]. *Journal of Accounting and Economics*, 2005, 39 (1): 163 – 197.

［168］ Kothari, S. P. , X. Li, J. E. Short. The Effect of Disclosures by Management, Analysts, and Business Press on Cost of Capital, Return Volatility, and Analyst Forecasts: A Study Using Content Analysis ［J］. *The Accounting Review*, 2009, 84 （5）: 1639 – 1670.

［169］ Kravet, T. , V. Muslu. Textual Risk Disclosures and Investors' Risk Perceptions ［J］. *Review of Accounting Studies*, 2013, 18 （4）: 1088 – 1122.

［170］ Kreps, D. M. , R. Wilson. Reputation and Imperfect Information ［J］. *Journal of Economic Theory*, 1982, （2）: 253 – 279.

［171］ Lang, M. H. , R. J. Lundholm. Corporate Disclosure Policy and Analyst Behavior ［J］. *The Accounting Review*, 1996, 71 （4）: 467 – 492.

［172］ Lang, M. , L. Stice – Lawrence. Textual Analysis and International Financial Reporting: Large Sample Evidence ［J］. *Journal of Accounting and Economics*, 2015, 60 （2 – 3）: 110 – 135.

［173］ Larcker, D. F. , A. A. Zakolyukina. Detecting Deceptive Discussions in Conference Calls ［J］. *Journal of Accounting Research*, 2012, 50 （2）: 495 – 540.

［174］ Lawrence, A. Individual Investors and Financial Disclosure ［J］. *Journal of Accounting and Economics*, 2013, 56 （1）: 130 – 147.

［175］ Lee, J. Can Investors Detect Managers' Lack of Spontaneity? Adherence to Predetermined Scripts during Earnings Conference Calls ［J］. *The Accounting Review*, 2016, 91 （1）: 229 – 250.

［176］ Leech, G. N. Principles of Pragmatics ［M］. London: Longman, 1983.

［177］ Lehavy, R. , F. Li, A. K. Merkley. The Effect of Annual Report Readability On Analyst Following and the Properties of their Earnings Forecasts ［J］. *The Accounting Review*, 2011, 86 （3）: 1087 – 1115.

［178］ Leuz, C. , C. M. Schrand. Disclosure and the Cost of Capital: Evidence from Firms' Response to the Enron Shock ［EB/OL］. （2008 – 12 – 23） ［2018 – 03 – 01］, https: //papers. ssrn. com/sol3/papers. cfm? abstract_id = 1319646.

［179］ Lewis, N. R. , L. D. Parker, G. D. Pound, P. Sutcliffe. Accounting Report Readability: The Use of Readability Techniques ［J］. *Accounting and Business Research*, 1986, 16 （63）: 199 – 213.

［180］ Li, F. Annual Report Readability, Current Earnings, and Earnings Persistence ［J］. *Journal of Accounting and Economics*, 2008, 45 （2 – 3）: 221 – 247.

［181］ Li, F. The Information Content of Forward – Looking Statements in Corpo-rate Filings: A Naïve Bayesian Machine Learning Approach ［J］. *Journal of Accounting Research*, 2010, 48 (5): 1049 – 1102.

［182］ Li, F., R. Lundholm, M. Minnis. A Measure of Competition Based on 10 – K Filings ［J］. *Journal of Accounting Research*, 2013, 51 (2): 399 – 436.

［183］ Liu, B., J. J. McConnell. The Role of the Media in Corporate Govern-ance: Do the Media Influence Managers' Capital Allocation Decisions? ［J］. *Journal of Financial Economics*, 2013, 110 (1): 1 – 17.

［184］ Loughran, T., B. McDonald, H. Yun. A Wolf in Sheep's Clothing: The Use of Ethics – Related Terms in 10 – K Reports ［J］. *Journal of Business Ethics*, 2009, 89 (1): 39 – 49.

［185］ Loughran, T., B. Mcdonald. Measuring Readability in Financial Disclo-sures ［J］. *Journal of Finance*, 2014, 69 (4): 1643 – 1671.

［186］ Loughran, T., B. Mcdonald. Textual Analysis in Accounting and Fi-nance: A Survey ［J］. *Journal of Accounting Research*, 2016, 54 (4): 1187 – 1230.

［187］ Loughran, T., B. McDonald. The Use of Word Lists in Textual Analysis ［J］. *Journal of Behavioral Finance*, 2015, 16 (1): 1 – 11.

［188］ Loughran, T., B. Mcdonald. When is a Liability Not a Liability? Textual Analysis, Dictionaries, and 10 – Ks ［J］. *Journal of Finance*, 2011, 66 (1): 35 – 65.

［189］ Lundholm, R. J., R. Rogo, J. L. Zhang. Restoring the Tower of Babel: How Foreign Firms Communicate with U. S. Investors ［J］. *The Accounting Review*, 2014, 89 (4): 1453 – 1485.

［190］ Luo, H., B. Liu, W. Zhang. The Monitoring Role of Media on Executive Compensation ［J］. *China Journal of Accounting Studies*, 2013, 1 (2): 138 – 156.

［191］ Lyons, J. Language and Linguistics ［M］. CUP: Cambridge, 1981.

［192］ Manela, A., A. Moreira. News Implied Volatility and Disaster Concerns ［J］. *Journal of Financial Economics*, 2016, 123 (1): 137 – 162.

［193］ Matsumoto, D., M. Pronk, E. Roelofsen. What Makes Conference Calls Useful? The Information Content of Managers' Presentations and Analysts' Discussion Sessions ［J］. *The Accounting Review*, 2011, 86 (4): 1383 – 1414.

［194］ Mayew, W. J. Evidence of Management Discrimination Among Analysts during Earnings Conference Calls [J]. *Journal of Accounting Research*, 2008, 46 (3): 627 – 659.

[195] Mayew, W. J., M. Venkatachalam. The Power of Voice: Managerial Affective States and Future Firm Performance [J]. *Journal of Finance*, 2012, 67 (1): 1 – 43.

[196] Mayew, W. J., N. Y. Sharp, M. Venkatachalam. Using Earnings Conference Calls to Identify Analysts with Superior Private Information [J]. *Review of Accounting Studies*, 2013, 18 (2): 386 – 413.

[197] Milian, J. A., A. L. Smith. An Investigation of Analysts' Praise of Management during Earnings Conference Calls [J]. *Journal of Behavioral Finance*, 2017, 18 (1): 65 – 77.

[198] Miller, B. P. The Effects of Reporting Complexity on Small and Large Investor Trading [J]. *The Accounting Review*, 2010, 85 (6): 2107 – 2143.

[199] Miller, G. S. The Press as a Watchdog for Accounting Fraud [J]. *Journal of Accounting Research*, 2006, 44 (5): 1001 – 1033.

[200] National Investor Relations Institute (NIRI). Standards of Practice for Investor Relations [M]. Alexandria: NIRI, 2011.

[201] Newcomb, T. M. An Approach to the Study of Communicative Acts [J]. *Psychological Review*, 1953, 60 (6): 393 – 404.

[202] Nguyen, B. D. Is More News Good News? Media Coverage of CEOs, Firm Value, and Rent Extraction [J]. *Quarterly Journal of Finance*, 2015, 5 (4): 1 – 38.

[203] Ogneva, M., K. R. Subramanyam, K. Raghunandan. Internal Control Weakness and Cost of Equity: Evidence From SOX Section 404 Disclosures [J]. *The Accounting Review*, 2007, 82 (5): 1255 – 1297.

[204] Peasnell, K., S. Talib, S. Young. The Fragile Returns to Investor Relations: Evidence from a Period of Declining Market Confidence [J]. *Accounting and Business Research*, 2011, 41 (1): 69 – 90.

[205] Porta, R. L., F. Lopez – De – Silanes, A. Shleifer, R. Vishny. Investor Protection and Corporate Governance [J]. *Journal of Financial and Economics*, 2000, 58 (1 – 2): 3 – 27.

[206] Price, M. K., J. S. Doran, D. R. Peterson, B. A. Bliss. Earnings Conference Calls and Stock Returns: The Incremental Informativeness of Textual Tone [J].

Journal of Banking and Finance, 2012, 36 (4): 992 – 1011.

[207] Price, S. M., J. M. Salas, C. F. Sirmans. Governance, Conference Calls and CEO Compensation [J]. *Journal of Real Estate Finance and Economics*, 2015, 50 (2): 181 – 206.

[208] Purda, L., D. Skillicorn. Accounting Variables, Deception, and a Bag of Words: Assessing the Tools of Fraud Detection [J]. *Contemporary Accounting Research*, 2015, 32 (3): 1193 – 1223.

[209] Qi, B., R. Yang, G. Tian. Can Media Deter Management From Manipulating Earnings? Evidence From China [J]. *Review of Quantitative Finance and Accounting*, 2014, 42 (3): 571 – 597.

[210] Ramalingegowda, S., Y. Yu. Institutional Ownership and Conservatism [J]. *Journal of Accounting and Economics*, 2012, 53 (1 – 2): 98 – 114.

[211] Rennekamp, K. Processing Fluency and Investors' Reactions to Disclosure Readability [J]. *Journal of Accounting Research*, 2012, 5 (50): 1319 – 1354.

[212] Rothschild, M., J. Stiglitz. Equilibrium in Competitive Insurance Markets: An Essay on the Economics of Imperfect Information [J]. *Quarterly Journal of Economics*, 1976, 90 (4): 629 – 649.

[213] Saussure, F. Course in General Linguistics [M]. Duckworth, 1916.

[214] Shannon, C. E., W. Weaver. The Mathematical Theory of Communication [M]. Urbana: University of Illinois Press, 1949.

[215] Shleifer, A., R. W. Vishny. A Survey of Corporate Governance [J]. *Journal of Finance*, 1997, 52 (2): 737 – 783.

[216] Shleifer, A., R. W. Vishny. Large Shareholders and Corporate Control [J]. *Journal of Political Economy*, 1986, 94 (3): 461 – 488.

[217] Skinner, D. J. Should Firms Disclose Everything to Everybody? A Discussion of "Open vs. Closed Conference Calls: The Determinants and Effects of Broadening Access to Disclosure" [J]. *Journal of Accounting and Economics*, 2003, 34 (1): 181 – 187.

[218] Solomon, D., E. Soltes. What are We Meeting for? The Consequences of Private Meetings with Investors [J]. *Journal of Law and Economics*, 2015, (2): 325 – 355.

[219] Soltes, E. Private Interaction Between Firm Management and Sell-Side

Analysts [J]. *Journal of Accounting Research*, 2014, 52 (1): 245 –272.

[220] Spence, M. Job Market Signaling [J]. *Quarterly Journal of Economics*, 1973, 3 (87): 355 –379.

[221] Sun, Y. , Y. Yi, B. Lin. Board Independence, Internal Information Environment and Voluntary Disclosure of Auditors' Reports on Internal Controls [J]. *China Journal of Accounting Research*, 2012, 5 (2): 144 –160.

[222] Tasker, S. C. Bridging the Information Gap: Quarterly Conference Calls as a Medium for Voluntary Disclosure [J]. *Review of Accounting Studies*, 1998, 3 (1 – 2): 169 –173.

[223] Tennyson, B. M. , R. W. Ingram, M. T. Dugan. Assessing the Information Content of Narrative Disclosure in Explaining Bankruptcy [J]. *Journal of Business Finance and Accounting*, 1990, 17 (3): 391 –410.

[224] Tetlock, P. C. All the News That's Fit to Reprint: Do Investors React to Stale Information? [J]. *Review of Financial Studies*, 2011, 24 (5): 1481 –1512.

[225] Tetlock, P. C. Giving Content to Investor Sentiment: The Role of Media in the Stock Market [J]. *Journal of Finance*, 2007, 62 (3): 1139 –1168.

[226] Uysal, N. The Expanded Role of Investor Relations: Socially Responsible Investing, Shareholder Activism, and Organizational Legitimacy [J]. *International Journal of Strategic Communication*, 2014, 8 (3): 215.

[227] Vlittis, A. , M. Charitou. Valuation Effects of Investor Relations Investments [J]. *Accounting and Finance*, 2012, 52 (3): 941.

[228] Yang, B. , A. Datta. Simultaneously Discovering and Quantifying Risk Types from Textual Risk Disclosures [J]. *Management Science*, 2014, 60 (6): 1371 –1391.

[229] Yermack, D. Flights of Fancy: Corporate Jets, CEO Perquisites, and Inferior Shareholder Returns [J]. *Journal of Financial and Economics*, 2006, 80 (1): 211 –242.

[230] Yermack, D. Remuneration, Retention, and Reputation Incentives for Outside Directors [J]. *Journal of Finance*, 2004, 59 (5): 2281 –2308.

[231] You, H. , X. Zhang. Financial Reporting Complexity and Investor Underreaction to 10 – K Information [J]. *Review of Accounting Studies*, 2009, 14 (4): 559 – 586.

［232］ Zhang，L. ，S. Ding. The Effect of Increased Disclosure On Cost of Capital：Evidence From China ［J］. *Review of Quantitative Finance and Accounting*，2006，27（4）：383 – 401.

［233］ Zhang，Y. ，P. E. Swanson. Are Day Traders Bias Free? Evidence From Internet Stock Message Boards ［J］. *Journal of Economics and Finance*，2010，34（1）：96 – 112.

附录：投资者关系互动平台示例

图A-1为投资者关系互动平台主页①。该网站包括最新播报、互动精华、活动频道、公司互动平台、地区互动平台、股东大会直播等栏目。

图A-1　投资者关系互动平台主页

---

① 网址：http://irm.p5w.net/gszz/。

　　图 A－2 列示了投资者关系互动平台新和成（股票代码 002001）公司主页①。公司主页包括路演、互动、公告、媒体报道、公司概况等栏目。

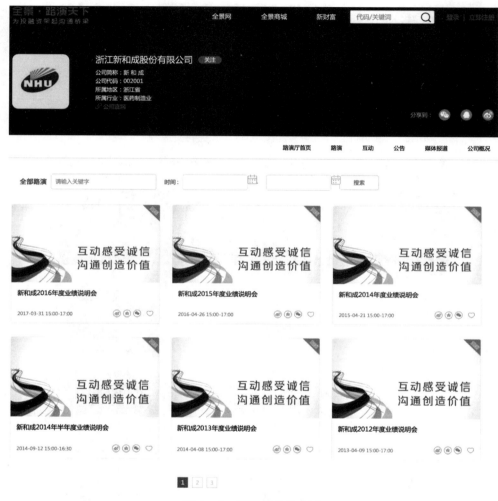

图 A－2　新和成公司主页

　　不同时间举行的业绩说明会，网页格式有所差异，本书列举了两个常见的网页格式，如图 A－3、图 A－4、图 A－5 所示。

---

　　①　网址：http：//rs. p5w. net/c/002001/roadshowlist. shtml。

图 A – 3 和图 A – 4 列示了新和成 2015 年度业绩说明会。图 A – 3① 网页左上角显示参与嘉宾职务和名字；网页左下角列示互动记录，由投资者名字、投资者提问内容、管理层名字、管理层回答内容等构成。当点击图 A – 3 的"显示所有问题"，则跳转到图 A –4②，为新和成 2015 年度业绩说明会所有的互动记录。

图 A – 3　新和成 2015 年度业绩说明会

①　网址：http：//ircs. p5w. net/ircs/topicInteraction/bbs. do？ rid = 16424。

②　网 址：http：//ircs. p5w. net/ircs/interaction/allQuestionForSsgs. do？ condition. rid = 16424&condition. stockcode =002001&condition. stocktype = S。

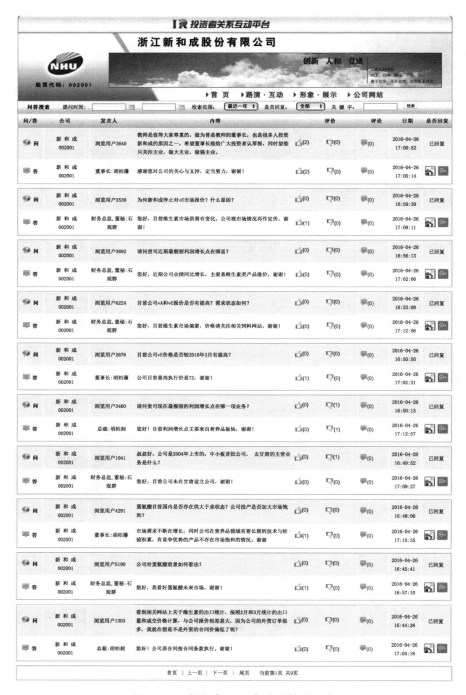

图 A – 4 新和成 2015 年度业绩说明会

图 A - 5 列示了新和成 2016 年度业绩说明会①。该业绩说明会的互动记录类似于微信、QQ 的聊天窗口。互动记录由投资者名字、投资者提问内容、管理层名字、管理层回答内容等构成。

图 A - 5　新和成 2016 年度业绩说明会

　　① 网址：http：//rs. p5w. net/roadshowLive/index. shtml？roadshowId = 00016E644691B4D14411BD769BD7FE57FEAF。